아델페
아나니아

믿음이란 한 알의 밀알이 땅에 떨어져 죽음으로 많은 열매를 맺음과 같이
진리의 열매를 위하여 스스로 죽는 것을 뜻합니다. 눈으로 볼 수는 없으나
영원히 살아 있는 진리와 목숨을 맞바꾸는 자들을 우리는 믿는 이라고 부릅니다.
「믿음의 글들」은 평생, 혹은 가장 귀한 순간에 진리를 위하여 죽거나 죽기를 결단하는
참 믿는 이들의, 참 믿는 이들을 위한, 참 믿음의 글들입니다.

ἀδελφέ
Ἀνανία

아델페
아나니아

조호진 지음

원수에게 세례를
베푼 사람

홍성사

정의와 진리의 나라를 소망하면서

사랑하는 자녀들인
이하민, 김준영, 김재영, 황희재, 황현성, 김주완,
김주은, 장서진, 장규현, 이겸, 이호현, 정연수, 조시우
그리고 김하은을 축복합니다

세례는 목사만 줄 수 있는가?

마태복음 마지막 장인 28장은, 주님이 부활 승천하시면서 주신 명령을 기록한다. 이 명령은 너무나 중요한 마지막 명령이기 때문에 흔히 '지상대명령'이라 부른다. 교회에 다닌다면 한두 번쯤 이 말씀을 설교로 들어 보았을 것이다. 익숙한 내용이겠지만 두 눈을 부릅뜨고 꼼꼼하게 읽어 보자.

> 그러므로 너희는 가서 모든 민족을 **제자로 삼아**
> 아버지와 아들과 성령의 이름으로 **세례를 베풀고**
> 내가 너희에게 분부한 모든 것을 **가르쳐 지키게** 하라
> (마 28:19-20상)

예수님께서는 가만히 앉아 있으면서 찾아오는 사람들에게 복음을 가르치라고 하신 것이 아니었다. 너희가 '가서' 제자 삼으라고 명령하셨고, 내 나라 내 민족만이 아니라 '모든 민족'을 제자 삼으라고 명령하셨다. 아브라함에게 '애굽 강가에서 유브라데 강가

7

까지' 주시겠다고 약속하신 것처럼, 주님은 '예루살렘과 온 유대, 사마리아, 땅끝'까지 찾아가서 제자 삼으라고 명령하셨다. 온 세계를 대상으로 삼으라 말씀하신 것이다. 다만, 모든 '나라'가 아니라 모든 '민족'이라고 말씀하셨으므로, '예루살렘과 온 유대, 사마리아, 땅끝'이라는 표현은 당연히 '유대인, 사마리아인, 땅끝에 사는 모든 이방인들'이라고 민족과 혈통 개념을 중심으로 해석해야 할 것이다.

지상대명령은 주축을 이루는 하나의 동사에, 부가적인 두 개의 동사가 덧붙어 있다. '제자로 삼아(μαθητεύσατε)'가 주된 동사, 그리고 '세례를 베풀고(βαπτίζοντες)'와 '가르쳐 지키게(διδάσκοντες τηρεῖν)'가 부가적인 동사이다. 예수님은 제자 삼으라는 명령을 친절하게 설명해 주셨다. 제자 삼는다는 것은, 먼저 예수님을 믿지 않는 모든 민족에게 복음을 증거하고 전파해서 아버지와 아들과 성령의 이름으로 세례를 베푸는 일이며, 나아가 그들에게 주님이 이미 가르치고 선포하신 모든 말씀을 '가르치고 지키도록' 잘 양육하는 일이라고 말이다. 결국 전도와 양육 이 두 가지가 예수님께서 마지막으로 명령하신 '제자 삼는' 일이다.

그렇다면 이 명령은 도대체 '누구'에게 주어진 명령일까? 누가 지키고 순종해야만 하는 명령일까? 다시 말해서 제자 삼는 일은 누가 해야 하며, 세례를 주고 가르치는 일은 누가 감당해야 하는 직분인가? 어쩌면 너무 당연하게 생각해 온 부분을 질문한 것인지라 조금 당혹스러울지도 모르겠다. 아마 이 글을 읽는 모든 성도는 당연히 예수님을 믿는 모든 성도들이 순종해야 하는 것 아니냐고 대답할 것이다.

하지만 가만히 생각해 보라. 성도인 당신은 불신자에게 복음을 전하고 그 사람에게 아버지와 아들과 성령의 이름으로 세례를 주는가? 그렇게 해보았는가? 교회에서 목사님에게 '목사님, 제가 전도했으니 제가 세례를 주겠습니다'라고 이야기할 수 있는가? 또한 성도인 당신은 이미 복음을 받아들인 누군가에게 말씀을 잘 가르쳐서 그 사람이 복음대로 행하며 살도록 가르치는 일을 해보았는가? 그전에 말씀을 가르치는 일이 바로 당신이 감당해야 할 몫이라고 생각해 본 적이 있는가? 그건 목사의 몫이라고 도외시하지는 않았는가?

현실 속에서 세례를 주는 일과 말씀을 가르치는 일은 대부분 목회자의 몫이다. 어떤 교단은 아예 목사만이 세례집전의 자격을 갖고 있다고 규정한다. 예수님은 승천하시면서 마지막으로 이 명령을 누구에게 내리신 것인가? 당신에게는 '제가 순종하겠습니다. 제가 세례를 주겠습니다'라고 말할 수 있는 담대함이 있는가? '제가 순종하겠습니다. 제가 말씀을 가르치겠습니다'라고 말할 수 있을 만큼 말씀에 대한 깊은 사랑과 지식이 있는가?

문자적으로만 살펴본다면, 지상대명령은 사도들에게 주어진 명령이었다. 마태복음 28장에 따르면, '열한 제자'가 갈릴리에 가서 예수님이 지시하신 산에 이르러 주님을 뵈었고(마 28:16), 예수님은 경배하는 그들 앞에서 승천하시면서 지상대명령을 내리셨다(마 28:17-20). 마가복음의 마지막 장도 '열한 제자'가 음식을 먹을 때에 주님이 그들에게 나타나셔서(막 16:14) 온 천하에 다니며 만민에게 복음을 전파하라고 명령하신 것으로 기록한다(막 16:15). 사도행전 1장도 마찬가지다. 사도들이 함께 모여서 주님께 "이스라엘 나라를 회복하심이 이 때니이까"라고 쓸데없이 질문했을 때(행 1:6), 예수님은 "오직 성령이 너희에게 임하시면 너희가 권능을 받고 예루살렘과 온 유대와 사마리아와 땅 끝까지 이르러 내 증인이 되리라"라고 말씀하시면서(행 1:8) 하늘로 승천하셨다.

복음서들과 사도행전은 지상대명령을 직접 들었던 사람들, 즉 사도들을 이 명령에 순종해야 하는 직접적인 대상으로 규정한 셈이다. 적어도 문자 그대로만 본문을 읽으면 그렇다.

하지만 나는 여태껏 지상대명령이 사도들에게 주어진 명령이므로 순종은 그들의 몫이고 성도들은 순종하지 않아도 된다고 설교하는 목사를 본 적이 없다. 또한 이 본문에 대해 '이건 사도들을 향한 명령이므로 나는 순종하지 않아도 된다'고 해석하는 성도는 보지 못했다. 목사들과 성도들 모두 지상대명령은 모든 성도에게 주어진 주님 명령이라고 이해하고 해석한다. 그렇게 설교하고 그렇게 듣고 그렇게 '아멘'으로 화답한다. 한편, 거의 모든 목사는 세례와 말씀 사역은 목회자들의 몫이라고 여긴다. 오직 목사만이 세례를 줄 수 있다고 고집부리는 경우도 허다하다. 성도들 역시 자신이 직접 세례 주는 일은 언감생심, 꿈도 꿀 수 없다. 그렇기에 성도들은 전도하지 않고 세례 주지 않는 삶을 평생 살면서 한 번도 주님 말씀에 불순종하고 있다는 죄책감을 갖지 않는다. 십일조를 조금만 떼어먹으면 혹시라도 암에 걸리거나 사업이 망할 것 같은 어마어마한 죄책감에 휩싸이면서, 예수님이 지상대명령을 통해 명령하신 대로 가르치고 양육하는 일을 하지 않을 때는 아무런 양심의 가책을 느끼지 않는 것이다.

사도행전은 사도가 아닌 평범한 일반 성도들이 세례를 베푼 기록을 여러 곳에 남기고 있다. 잘못되었다고 평가하거나 책망하는 뉘앙스로 기록한 것이 아니라, 당연히 해야 할 일을 한 것으로 기록하고 있다.

우선 사마리아 교회를 생각해 보자. 스데반의 순교 이후 예루살렘 교회에 박해가 찾아왔고, 집사 빌립은 사마리아에 가서 복음을 증거하고 교회를 세운다(행 8:5). 다시 짚고 넘어가자면, 사마리아 교회는 사도들이 세운 것이 아니라 집사 빌립이 세웠다. 빌립은 사마리아 성에 찾아가서 그리스도를 전파하고(행 8:5), 귀신들을 쫓아내고 중풍병자와 못 걷는 사람을 고쳐주면서(행 8:7) 여러 표적들을 행한다(행 8:6). 뿐만 아니라 집사 빌립은 전도받고 믿음을 갖게 된 사마리아 남녀들에게 세례를 베풀었고(행 8:12), 마술쟁이였던 시몬에게도 세례를 주었다(행 8:13).

이후에 빌립은 주의 사자가 전해 준 명령을 듣고 광야로 나아간다(행 8:26). 집사 빌립은 그곳에서 에디오피아 내시를 만나 그가 궁금해하던 이사야 선지자의 글에서부터 시작해 예수님에 관한 복음을 증거하고 가르친다(행 8:35). 그리고 광야에서 그에게 곧장 세례를 주었다(행 8:38). 지상대명령이 담고 있는 제자 삼는 사역, 즉 가르치고 세례를 주는 두 가지 일 모두를 땅끝 백성인 에디오피아 사람에게 행했다. 주님 명령 그대로 순종한 것이다. 요컨대 집사 빌립은 사도가 아니었음에도 사마리아 교회를 세운 개척자였고, 예루살렘에서 사도들이 행한 모든 일들을 동일하게 행했던 사역자였으며, 무엇보다도 세례를 베푼 세례집전자였다. 즉 지상대명령에 아름답게 순종했던 성도였다.

사도가 아닌 사람이 세례를 주는 장면에는 베드로도 등장한다. 사도행전 10장은 하나님께서 고넬료와 베드로를 만나게 하시는 사건을 그린다. 베드로는 이방인 고넬료에게 가고 싶어 하지 않았지만, 하나님의 강권적인 명령에 못 이겨 가이사랴에 있는 고넬료를 방문한다. 그리고 고넬료가 이미 모아 두었던 여러 사람들 앞에서 마지못해 복음을 전하다가, 그의 설교가 다 끝나기도 전에 하나님께서 그 자리에 있는 자들에게 성령님을 보내 주시는 장면을 목격한다. 이때 베드로는 유명한 말을 남긴다. "이 사람들이 우리와 같이 성령을 받았으니 누가 능히 물로 세례 베풂을 금하리요"(행 10:47) 베드로는 아무도 세례 주는 것을 금할 수 없다고 단호하게 선포한다.

그렇다면 베드로가 직접 세례를 주었을까? 아니다. 다음 구절은 이렇다. "명하여 예수 그리스도의 이름으로 세례를 베풀라 하니라"(행 10:48) 고넬료에게 세례를 줄 때도, 베드로는 자신이 아니라 다른 사람들에게 명령하여 세례를 베풀게 했다. 애당초 베드로는 혼자가 아니라 욥바에서부터 여섯 형제들을 데리고 고넬료 집에 갔는데(행 11:12), 바로 그들이 고넬료에게 세례를 준 것이다. 이들은 사도도 목회자도 아니었다.

왜 이방인에게 세례를 주었느냐고 나중에 비판이 생겨날 것을 베드로는 미리부터 의식했던 것일까? 아니면 사도가 아닌 일반 성도가 세례를 주는 것이 아무렇지도 않은 일반적인 일이어서 이렇게 했던 것일까? 이유가 무엇이든, 예수님의 수제자이자 세례를 줄 수 있는 사도인 베드로가 함께 있었는데도 일반 성도가 고넬료에게 세례를 준 것만은 분명한 사실이다.

사도 바울은 어땠을까. 바울은 그리스 지역으로 2차 선교 여행을 갔는데, 마지막 도시가 고린도였다. 바울이 그곳에서 복음을 전하자 '많은 사람들'이 듣고 믿었으며 또한 당연히 세례를 받았다(행 18:8). 바울은 그곳에서 1년 6개월 동안 하나님의 말씀을 가르쳤다(행 18:11). 그런데 바울은 훗날 고린도교회에 편지를 보내면서, 자신은 그리스보, 가이오(고전 1:14), 그리고 스데바나 집 사람에게 세례를 주었을 뿐 다른 누구에게도 직접 세례를 주지 않았노라고 말한다(고전 1:16). 그렇다면 고린도에서 세례 받은 많은 사람들은 누구로부터 세례를 받은 것인가? 당시 사도 바울은 실라와 디모데 그리고 아굴라와 브리스길라 부부와 동역하고 있었다. 그러므로 이 네 사람들 중 누군가가, 또는 모두가 고린도 성도들에게 세례 베푸는 일에 동참했을 것이다. 사도들이 아닌 성도들이 지상대명령에 순종하면서 세례를 주는 직분을 감당한 것이다.

무엇보다 사도 바울 자신이 다메섹 도상 사건 이후 아나니아에게 세례를 받았는데, 아나니아는 사도가 아니었을 뿐만 아니라 그 어떤 직분도 없는 성도였다. 사도인 바울이 아나니아라는 평범한 일반 성도에게 세례를 받은 것이다(이에 대해서는 뒷부분에서 다른 내용들과 더불어 상세하게 살펴볼 것이다).

어쩌면 사도행전에 나온 이런 이야기를 보고, 사도가 아닌 자들이 세례를 준 것은 모두 옳지 않은 행동이라고 폄하해 버릴지도 모른다. 사도들이라고 해서 항상 올바른 것도 아니고, 초대교회 성도들의 행동이라고 해서 모두 성경적인 것은 아닐 수도 있다. 실제로 사도행전은 베드로의 옳지 않은 행동, 바울의 고집스러운 편견을 있는 그대로 노출하기도 한다. 하지만 그렇다고 해서 성도들이 세례 베푼 사건을 틀린 행동, 혹은 비성경적인 처사라고 스스럼 없이 규정할 수 있을까?

문자 그대로 사도들만이 이 명령을 받았으므로 사도들만이 이 명령에 순종할 수 있다면, 제자 삼는 일, 즉 세례 주기와 가르치는 일은 사도들 이후 중단되고 끝났어야 한다. 사도들이 죽은 후에는 그 누구도 세례를 주어서는 안 되며, 복음을 가르쳐서도 안 된다. 사도들이 더 이상 존재하지 않으니까 말이다. 과연 이것이 주님이 정말 원하신 일일까? 이게 과연 온전하게 성경을 해석하는 방식일까?

또 한 가지. 만약 사도들만이 세례를 줄 수 있다면, 그리고 그 직분을 오늘날 목사들이 계승한 것이라면, 목사라는 직분은 사도와 동일한 직분이란 말인가? 아마 목사들 중 누구도 이렇게 주장하지 않을 것이다. 만약 목사가 사도와 동일한 권위를 갖는 직분이라면, 목사가 아니라 그냥 사도라고 부르면 될 일이다.

요한복음 4장은 예수님이 세례 요한보다 더 많이 제자를 삼고 더 많이 세례를 주셨다고 기록한다(요 4:1). 동시에 이 일을 설명하는 말을 다음처럼 덧붙여 놓았다. "예수께서 친히 세례를 베푸신 것이 아니요 제자들이 베푼 것이라"(요 4:2). 제자들이 세례를 주었지만 사람들은 예수님이 세례를 준 것처럼 생각했다. 오늘날도 마찬가지다. 만약 성도가 세례를 준다 하더라도 세례 받은 사람은 '교회에서' 세례 받았다고 생각하고 이야기할 것이다. 세례증서 역시 세례집전자가 발급해 주는 것이 아니라 교회에서 발급해 준다. 이건 목사가 세례를 주어도 마찬가지다.

누구나 다 고백하고 인정하듯이, 세례는 세례집전자의 개인적인 권위나 자격에 의해 실효성을 갖는 것이 아니다. 세례는 아버지와 아들과 성령의 이름으로 베푸는 것이지, 세례집전자의 직분이나 인품에 의거해 시행하는 것이 아니다. 설령 술주정뱅이가 세례를 주었다 하더라도 성삼위 하나님의 이름으로 주어졌다면 그 세례는 유효하다는 아우구스티누스의 설명을 굳이 인용할 필요도 없을 것이다. 목사가 세례를 주건, 성도가 세례를 주건, 그것은 모두 성삼위 하나님의 이름으로 베풀어지는 세례이고, 동시에 한 개인이 아니라 주님의 명령에 순종하는 교회가 베푼 세례이다.

그러므로 직분이 사도이든 목사이든 아니면 아무 직분 없는 성도이든, 주님의 '제자'라면 누구나 세례를 베풀 수 있다. 하지만 가만히 앉아만 있다가 '이제 당신이 세례를 줄 순서가 되었으니 앞에 나와서 세례를 주도록 하세요' 이렇게 해야 한다는 뜻은 아니다. 사도행전은 사역하는 제자, 지상대명령에 순종하는 제자가 세례를 주었다고 가르친다. 직분과 관계없이 전도하고 복음을 증거하고 말씀을 선포하고 가르치는 일을 감당하던 제자, 사역하는 제자가 세례를 준 것이다. 지상대명령에 순종하며 충성하고 헌신하던 제자라면 누구든 세례를 집례했다.

사실 바울이 세례보다 더 중시한 것은 말씀 사역이었다. 제자 삼으라는 예수님의 지상대명령을 이루는 두 가지 항목 중 '세례 주라'보다도 '가르치라'를 더 본질적인 것으로 바라보고 사역했다. 하지만 세례와는 달리, 말씀을 가르치는 일은 단순하지 않다. 말씀을 정확하고 깊이 알며, 자신이 성숙한 성도여야만 말씀을 가르칠 수 있기 때문이다(이 점에 대해서는 나중에 다시 함께 나눌 기회가 있을 것이다).

사도행전이 계급투쟁하듯 세례집전의 권한을 성도들에게 돌려 달라고 고함치는 것은 아니다. 그러나 사도행전과 초대교회 이야기 그 어디에도 성도가 세례를 준 것 때문에 교회 안에 갈등이 생기거나, 성도가 말씀을 선포하고 가르친 일로 사도들의 권위가 훼손되었다는 기록은 없다. 일반 성도가 사도 바로 옆에서 아무렇지도 않게 세례를 베푸는 것이 다반사였다. 또한 사도들은 이렇게 행하도록 명령했으며, 이를 사도권 침해라고는 눈곱만큼도 생각하지 않았다.

사도행전이 보여 주는 모습은, 성도들 모두가 한 영혼을 찾아가서 그 사람에게 전도하고 그의 영혼을 구원하고 그 사람에게 세례 베푸는 자가 되는 모습이다. 여러 이유로 사역의 특정 부분을 특정 직분의 사람들이 담당하기도 했지만, 사역의 온 범위를 모든 성도가 함께 감당할 수 있었고 또한 그렇게 하도록 격려했다. 모두가 다 전도하고, 모두가 다 세례를 베풀고, 모두가 다 말씀을 가르치는 것, 이것이 지상대명령이 담고 있는 내용이고, 사도들과 초대교회 성도들이 기쁨으로 순종한 내용이다.

우리가 마태복음 마지막 장에 나오는 지상대명령을 읽으면서 그건 사도들이나 풀타임 사역자, 목사에게만 주어진 명령이라고 생각한다면, 성도들은 손을 탁탁 털고 아무 부담 없이 이 일들을 행하지 않으면 된다. 그러나 만약 주님의 지상대명령이 모든 성도에게 주어진 명령이라고 생각한다면, 성도들은 마땅히 전도하여 세례를 베풀고, 다른 영혼을 양육하는 직분을 감당해야만 한다. 모두 함께 영혼을 구원하고 그들을 성장시키는 일에 온 힘을 쏟아야 한다.

나중에 우리가 천국에 올라갔을 때, 우리가 사랑하는 예수님께서 '너는 전도하고 세례 준 적이 있느냐?'라고 물으실지 모른다. 그때 '아니오, 십일조는 꼬박꼬박 했지만, 집을 팔아서 헌금도 했지만, 세례 준 적은 없습니다'라고 대답한다면, '왜 내가 명령한 일에는 순종하지 않고, 네가 중요하다고 여기는 일에만 열심을 냈느냐?'라고 책망 들을지도 모른다. 만약 '우리 목사님이 세례는 목사가 하는 일이라고 하시던데요. 그래서 세례 주는 것은 생각도 안 해봤습니다'라고 대답한다면, '왜 내 말보다 목사 말을 더 들었느냐? 왜 내 명령보다 전통을 더 중요하게 여겼느냐?'라고 꾸지람 들을 수도 있다. 주님은 물어보실 것이다. 너는 왜 '제자 삼는' 일을 하지 않았느냐? 너는 왜 '전도하고 양육'하는 일을 하지 않았느냐? 너는 왜 '사역하는' 제자가 되지 않았느냐?

우리는 '너는 제자 삼는 제자로 살았느냐?'라고 물으실 주님 앞에 '온 마음과 뜻과 정성과 힘과 목숨을 다해 순종하고 헌신하며 그렇게 살았습니다'라고 대답할 수 있는 아름다운 제자가 되어야 한다.

'여자도 세례를 줄 수 있나요?' 이런 쓸데없는 질문은 하지 말자. 남자든 여자든, 사도든 집사든, 노련하든 미숙하든, 가서 전도하고 그 사람에게 세례를 주고, 그 사람에게 말씀을 가르치는 일을 시작하자. 나는 목사들만이 아니라 모든 성도들이 한 사람도 빠짐없이 세례를 베푸는 자가 되었는데도 세례 받을 사람이 줄을 서서 기다리고 있는, 그런 가슴 벅찬 부흥을 우리 주님이 이 땅과 이 민족에게 허락해 주시기를 간절히 기도한다.

　뒤로 물러서지 말라. 수동적으로 받아먹기만 하면서 양육 받고 돌봄 받는 자리에 편안하게 누워 있지 말라. 한 평 닭장 속에 갇혀 있는 성도가 되지 말라. 모든 성도들이 다 사역의 자리로 나아가야 한다. 직분이 무엇이건 성도는 모두가 다 교회를 세우는 자, 교회를 부흥케 하는 자가 되어야 한다. 지상대명령에 순종하는 제자들이 되어야 한다.

　자, 이제 모든 성도들은 하나님 자녀로 구원받았을 뿐만 아니라 이런 사역을 감당하도록 부름 받은 직분자들임을 분명히 기억하고 그렇게 살아가자.

2019년 7월

조호진

차례

1부: 가서 원수를 사랑하라

2부: 넘치도록 순종하다

아나니아, 그 전

1 사울이 주의 제자들에 대하여 여전히
위협과 살기가 등등하여 대제사장에게 가서

2 다메섹 여러 회당에 가져갈 공문을 청하니
이는 만일 그 도를 따르는 사람을 만나면 남녀를
막론하고 결박하여 예루살렘으로 잡아오려 함이라

3 사울이 길을 가다가 다메섹에 가까이 이르더니
홀연히 하늘로부터 빛이 그를 둘러 비추는지라

4 땅에 엎드러져 들으매 소리가 있어 이르시되
사울아 사울아 네가 어찌하여 나를 박해하느냐 하시거늘

5 대답하되 주여 누구시니이까 이르시되
나는 네가 박해하는 예수라

6 너는 일어나 시내로 들어가라 네가 행할 것을
   네게 이를 자가 있느니라 하시니

7 같이 가던 사람들은 소리만 듣고
   아무도 보지 못하여 말을 못하고 서 있더라

8 사울이 땅에서 일어나 눈은 떴으나 아무 것도
   보지 못하고 사람의 손에 끌려 다메섹으로 들어가서

9 사흘 동안 보지 못하고
   먹지도 마시지도 아니하니라 (행 9:1-9)

1부

가서 원수를 사랑하라

장면 1

주님이 아나니아를 찾아오시다

10 그 때에 다메섹에 아나니아라 하는 제자가 있더니
주께서 환상 중에 불러 이르시되 아나니아야 하시거늘
대답하되 주여 내가 여기 있나이다 하니 (행 9:10)

아나니아는 환상 중 주님을 만났다. 그는 무엇을 하다가 환상을 보았을까? 온 힘을 다해 간절히 기도하던 중이었을까, 아니면 잠을 자던 중 얼떨결에 환상을 보았을까? 성경은 아나니아가 무엇을 하고 있었는지 한 글자도 기록하지 않는다. 성경은 한 가지에만 초점을 맞춘다. 주님이 찾아오셔서 아나니아를 만나셨다는 사실, 그저 예수님께만 시선을 둔다. 성경은 '주께서 환상 중에 부르셨다'고 말한다. 그렇다. 이 만남은 주님이 찾아오셔서 이루어진 만남이다. 아나니아는 그저 듣기만 했을 뿐이다. 주님이 찾아오셔서 만남을 허락하셨고, 아나니아는 만남을 누렸다.

주님은 대리자를 보내지 않고 '친히' 아나니아를 찾아오셨다. 우리말 성경은 별다른 구별 없이 동일하게 번역했지만, 헬

라어 성경은 환상 중 아나니아를 부르신 주님을 표현하면서 '호 퀴리오스'라고 정관사를 붙여 기록한다. 주님을 뜻하는 헬라어 '퀴리오스'는 신분 높은 사람을 표현하는 일반적 표현도 될 수 있다. 하지만 정관사 '호'(영어의 the)가 붙은 '퀴리오스'는 예수 그리스도를 명확하게 한정적으로 지칭한다. 그러니까 '바로 그 주님, 예수 그리스도'께서 환상 중 아나니아를 친히 찾아오신 것이다.

주님 음성을 들었던 이들이 모두 예수 그리스도의 직접적인 음성을 들은 것은 아니다. 조금 뒤엔 고넬료와 베드로 두 사람이 만나는 사건이 벌어진다. 고넬료도 아나니아와 마찬가지로 환상 중에 하나님의 사자가 전해 주는 말을 듣는다(행 10:3). 이때엔 예수님이 직접 말씀하신 것이 아니라 천사가 주님 말씀을 대신 전해 주었다. 하지만 이것도 어마어마한 사건이다. 베드로 역시 환상을 통해 주님 음성을 듣는다. 이때 하늘에서 음성이 들려왔는데, 이 음성이 그리스도께서 친히 하신 말씀인지 아니면 다른 대리자의 음성인지 확실하지 않다. 성경은 아나니아의 경우처럼 '호 퀴리오스'가 말씀한 것이라고 확실하게 규정하지 않는다.

아나니아는 이미 주님을 알고 믿는 제자였기에 이 만남은 순수한 '첫 만남'은 아니다. 하지만 이 만남은 아주 특별하다. 무엇보다 예수님께서 친히 찾아와 그를 만나 주셨기 때문이다. 이렇게 찾아오신 예수님은 어떻게 하셨는가? 주님은 이름을 부르셨다. '아나니아야'라고 친근히 그의 이름을 불러 주셨다.

> 주께서 환상 중에 불러 이르시되
> 아나니아야 하시거늘 (행 9:10)

예수님은 '내 제자여'라고 부르시거나 '내 종아'라고 부르지 않으셨다. 주님은 지금 명령을 내리고자 찾아오셨기에, 서로를 명령과 복종의 관계로 규정하는 호칭을 쓰셨더라면 좀 더 권위 있게 명령하실 수 있었을 것이다. 하지만 주님께선 그렇게 하지 않으셨다. 굳이 이름을 부르셨다.

　　이름을 부르셨다는 것은, 네 옆에 있는 다른 누군가가 아니라 '바로 너를' 부르신다는 뜻이다. 그리고 다른 사람에게 미룰 수 없는 일을 '바로 너에게' 맡긴다는 뜻이다. 예수님은 아나니아 그의 이름을 부르시면서 '반드시 네가' 순종해야 하는 명령을 주셨다. 회피할 수 없도록 이름을 콕 집어 부르시다니….

　　주님은 언제 이름을 부르실까? 사도행전 9장과 10장을 보면 예수님은 '바울-아나니아' 그리고 '고넬료-베드로' 네 사람을 만나실 때마다 각각 그들의 이름을 부르셨다. 다메섹 도상에서는 '사울아, 사울아' 두 번 이름을 부르셨고, 다메섹 안으로 가셔서는 '아나니아야'라고 한 번 이름을 부르셨다. 가이사랴에서는 하나님의 사자가 '고넬료야'라고 한 번 이름을 불렀고, 욥바에서도 하늘의 음성이 들려오면서 '베드로야'라고 그의 이름을 한 번 불렀다(다만, 베드로에게는 똑같은 환상을 세 번 보여 주셨으므로, 실제로는 '베드로야'라고 세 번 부르신 셈이다).

주님은 땅끝에 교회 세우는 일을 시작하기 위해 이 네 명을 사용하셨다. 이러한 부르심을 통해 바울과 아나니아, 그리고 고넬료와 베드로가 서로 만났다. 네 명은 이름이 불린 뒤 차마 감당하기 힘겹고 어려운 명령을 받는다. 사도 바울은 주님 부르심을 들은 뒤 멀쩡하던 눈이 보이지 않게 되었고, 스스로 식음을 전폐했을 뿐 아니라 지금까지 살던 방식과 180도 다른 삶으로 나아가야 했다. 사도 베드로 역시 하늘 음성을 들은 이후 세 번이나 거부할 만큼 원치 않는 명령에도 불구하고, 불결한 이방인과의 만남을 위해 억지로 끌려가듯 고넬료에게 가야만 했다.

이런 양상은 구약에서도 마찬가지다. 하나님께서는 아브라함이 아들 이삭을 낳아 재미있게 지내고 있을 때, 십수 년 만에 그를 찾아오셔서는 '아브라함아'라고 그의 이름을 부르시고(창 22:1) 사랑하는 외아들 이삭을 바치라고 명령하신다. 어린 아이 사무엘에게도 하나님께서는 처음 찾아오셔서 '사무엘아, 사무엘아'라고 이름을 부르시고(삼상 3:10), 아버지같이 자신을 거둬 주었던 엘리를 향해 그의 죄악과 그가 받게 될 심판을 선포하라고 명령하신다. 도대체 피눈물 없이 어떻게 이런 명령에 순종하겠는가!

주님이 누군가를 찾아오셔서 그의 이름을 부르시며 '네가 원하는 대로, 네가 기도한 그대로' 응답해 주겠노라 말씀하신 적이 있던가? 만약 있다면 그건 정말 가뭄에 콩 나듯 일어난 사건이다. 구약시대에나 신약시대에나 주님이 이름을 부르시면 항상 순종하기 어려운 명령이 뒤따랐다. 이건 오늘날에도 마찬가지이리라. 당신은 주님이 친히 찾아오시기를 원하는가? 진정 당신 이름을 주님이 불러 주시기를 원하는가? 그 뒤에 어떤 힘겨운 명령이 뒤따른다 하더라도?

'아나니아'는 주님이 자기 이름을 불러 주셨을 때, 제일 먼저 '주여'라고 대답했다. 아나니아는 그의 이름을 부르시는 분이 주님이심을 즉각 알 수 있었다. 처음 입을 열어 '주여'라고 고백한 뒤, '제가 여기 있습니다'라고 대답했다. '주여'를 말한 뒤 '제가…'라고 말하기까지 얼마나 여백이 있었을까? 길든 짧든 그 시간 동안 그의 영혼은 어떤 떨림과 두려움과 갈등과 기대를 품었을까?

수많은 믿음의 선배들이 '제가 여기 있습니다'라고 고백했다. 이는 전형적인 믿음의 대답이다. '주님, 말씀하십시오. 제가 순종하겠습니다'라는 고백이다. 피조물인 우리들 '사람'은, 누구인지를 막론하고 주님이 부르시면 '제가 여기 있습니다. 무엇이건 말씀하십시오. 제가 순종하겠습니다'라고 대답해야 한다. 우린 다른 그 어떤 대답도 할 수 없다. 우린 하나님과 토론을 벌이거나 논쟁할 자격을 갖추고 있지 않다.

하지만 하나님 앞에 이렇게 대답하는 것은 그리 만만한 일이 아니다. 다메섹 도상에서 자신을 찾아와 이름을 불러 주시는 주님을 향해, 바울이 했던 첫 번째 대답 역시 '주님…'이었다. 바울은 그의 이름을 불러 주시는 분이 주님이심을 영혼의 본능으로 절감했다. 그러나 그는 곧이어 '당신은 누구십니까?'라고 되묻는다. 바울은 아나니아처럼 대답하지 못했다. 예수님의 수제자이며 예루살렘 교회의 설립자인 사도 베드로는 어떠했던가? '베드로야'라고 이름을 부르며 선포된 하늘 음성에 대해서, 베드로는 '나는 절대로 당신이 시키는 대로 할 수 없습니다'라고 쇠심줄처럼 질기게 고집부리며 불순종했다. 그것도 세 번씩이나 반복해서 말이다. 복음 선포를 위해 목숨도 아끼지 않았던 그였지만, '주님 제가 여기 있습니다'라고 고백하지 못했다.

이처럼 아나니아가 예수님께 고백한 대답은 바울과도, 베드로와도 차원이 다른 대답이었다. 그는 찾아오신 주님 앞에서 피조물의 겸손함으로 그 누구보다 아름답게 대답했다.

당신은 찾아와 이름을 불러 주시는 주님을 경험한 적이 있는가? 혹시 만나지 않는 편이 더 좋을 뻔했을 만큼 부담스러운 부탁을 하시는 주님을 만난 적은 없는가? 그런 주님을 만나면 '주님, 제가 여기 있습니다'라고 아나니아처럼 대답하겠는가, 아니면 바울처럼 혹은 베드로처럼 대답하겠는가? 우리는 온전하게 자기 자신을 내려놓으며 순종할 준비가 되어 있는가?

불편한 만남

> 10 그 때에 다메섹에 아나니아라 하는 제자가 있더니
> 주께서 환상 중에 불러 이르시되 아나니아야 하시거늘
> 대답하되 **주여 내가 여기 있나이다** 하니 (행 9:10)

예수님께서 아나니아를 찾아오시고 그의 이름을 부르셨지만, 인간적인 측면에서 본다면 이 만남은 아나니아에게 서운한 점이 한두 가지가 아니다.

　　우선 예수님은 아나니아가 원했던 타이밍에 찾아오시지 않았다. 현실의 상황만 놓고 보면 주님은 늦게 오셨다. 그것도 너무 늦게. 아나니아는 다메섹에 살던 성도였고, 다메섹은 바울이 예수쟁이들을 붙잡아 예루살렘으로 끌어가려고 발걸음을 재촉했던 바로 그 도시였다. 예루살렘 종교 지도자들과 바울은 스데반을 죽이고 예루살렘 교회를 핍박하면서 톡톡히 재미를 보았고, 그 여세를 몰아 칼날을 다메섹으로 향했다. 다메섹 교회와 성도들은 예루살렘이 이미 당한 일과 자신들이 앞으로 당할 일

을 잘 알고 있었다. 그래서 그들은 자신들을 향해 급박하게 숨통을 죄어 오는 체포, 투옥, 순교라는 어두운 그림자에 어떻게든 대처해야 했다. 아나니아는 목숨을 위협하는 핍박이 코앞에 닥친 다메섹 성도였던 것이다.

하지만 예수님은 아나니아와 다메섹 성도들에게 주님이 시급히 필요할 때 아무것도 하지 않으셨다. 주님은 미리 피할 길을 알려 주지도 않으셨고, 체포영장을 발부받은 바울이 예루살렘을 떠나던 순간이나 그가 말을 타고 다메섹 바로 앞까지 치고 올라왔을 때에도, 주님은 아나니아와 다메섹 성도들을 향해 한 걸음도 떼지 않으셨다. 예수님은 아나니아가 주님을 절실히 필요로 하던 시간에는 침묵으로 일관하시다가, 주님의 타이밍이 된 지금에야 아나니아를 찾아오셨다.

왜 시점이 늦어졌는가? 우리는 그 이유를 안다. 주님은 바울의 일을 처리하시고 그 이후에 비로소 다메섹으로 아나니아를 찾아오셨다. 아나니아를 만나는 일은 마치 사소하고 아무것도 아닌 일처럼 후순위로 밀려나 타이밍이 늦어진 것이다.

타이밍뿐 아니라 만남의 목적도 서운한 점이다. 주님은 아나니아에게 지대한 관심이 있어서 그를 만나러 오신 것이 아니었다. 예수님은 아나니아를 향해 '얼마나 네가 보고 싶었는지 아니?' 이렇게 말씀하시지 않았다. 주님이 아나니아를 만나신 것은 바울의 일을 말씀하시기 위해서였을 뿐, 아나니아와의 만남이 일차적인 목적이 아니었다.

당신은 이런 상황이 얼마나 서운한지 경험해 본 적이 있는가? 목숨이 경각에 달린 상황에서 오랫동안 인내하며 기도해 왔는데, 주님이 뒤늦게 찾아오셔서는 내 이야기보다 다른 사람 이야기에 온통 마음 쓰는 것을 보는 경험…. 아나니아는 가슴을 칠 만큼 서운했을 것이다. 만약 당신이 일평생에 딱 한 번 주님을 만났는데, 아나니아가 만났던 바로 이런 모습으로 주님을 만난다면 마음이 어떻겠는가? 기쁘고 감격스러우면서도, 눈물 나도록 감사하고 흥분되면서도, 마음 한 켠에 진한 아쉬움과 무거운 서운함이 남지 않겠는가?

타이밍이 너무 늦은 것도, 아나니아와의 만남 자체를 목적으로 삼지 않으신 것도, 인간적으로는 주님이 야속해 보인다. 하지만 이건 아나니아를 기준으로 삼았을 경우이다. 아나니아와 예수님의 만남은, 아니, '예수님과' 아나니아의 만남은, 주님이 아나니아를 찾아와 이루어진 만남이다. 아나니아가 주님을 찾아간 것이 아니다. 다시 말하지만, 예수님은 먼저 그분이 하려는 일을 하시다가, 주님의 타이밍에 주님이 원하시는 목적을 아나니아에게 말씀하셨다. 그분의 계획을 위해 그분의 사역에 아나니아를 끌어들이셨고, 이를 위해서 아나니아의 삶에 개입하기 시작하셨다. 이것은 아나니아의 개인적인 은혜 체험이 아니다. 이 모든 과정은 예수님의 사역, 주님의 역사하심인 것이다. 이것이 맞는 모습이다. 예수님께서 무언가를 행하시면서 우리를 불러 주시는 것이 옳은 모습이다.

사람들은 너나 할 것 없이 자신이 원하는 시간에 자신이 원하는 방식으로, 꿈과 비전이라는 말로 치장된 자신의 욕심을 주님이 성취해 주시길 원한다. 간절히 기도하는 사람도, 금식하는 사람도, 하나님 나라를 위해 헌신하겠다는 사람들도 이렇게 할 때가 정말 많다. 비록 이런저런 그럴듯한 신앙적 자기합리화를 늘어놓지만, 사실은 그저 그들의 생각과 계획과 삶 속에 예수님을 끌어들여서 써먹으려 하는 경우가 얼마나 많은지…. 자신이 극본을 쓰고 자신이 감독을 하고 주님을 배우로 활용하려는 것이다.

예루살렘 교회를 세우는 데 목숨 걸고 헌신한 베드로를 생각해 보라. 주님은 사도들을 앞에 두시고 승천하시면서 예루살렘과 온 유대, 사마리아, 땅끝까지 찾아가서 제자 삼으라고 명령하셨지만, 그 훌륭하고 아름다웠던 예루살렘 교회는 결코 선교사를 파송하지 않았다. 심지어 베드로는 주님이 음성을 들려주시며 '일어나서 잡아먹으라'고, '내가 깨끗하게 한 것을 네가 더럽다고 하지 말라'고 세 번이나 말씀하셨지만, 끝끝내 그렇게는 못하겠다고 버티지 않았던가. 게다가 이 모든 일은 기도하던 중에 일어났다(행 10:9). 기도하고 있으면서도 주님을 향해 '절대, 절대, 절대 안 돼요(Never, never, never)!'라고 연거푸 소리 질러 댄 셈이다. 주님이 땅끝에 교회가 세워지는 것을 그렇게 원하셨는데도, 베드로는 자신의 어리석음과 교만과 무관심으로 인해 주님의 타이밍을 제한하고 있었다.

사도들과 성도들과 교회들은 주님이 무엇을 원하시는지 이미 들었기에 얼마든지 알 수 있었지만 아무것도 하지 않고 있었다. 만약 베드로가 이방인 선교를 위해 마음을 열고 기도할 때까지 예수님이 기다리셨다면, 어쩌면 땅끝에 교회가 세워지는 일은 베드로가 죽을 때까지 진행되지 못했을지도 모른다. 그렇기에 지금 예수님은 그분 뜻대로 행동하신다. 우리의 믿음 수준, 헌신 수준, 순종 수준에 교회의 운명을 맡기지 않고, 직접 행동하며 움직이신다. 주님 계획대로, 주님 타이밍에, 주님 방식대로 아나니아를 찾아와 말씀하시고, 그를 주님의 역사하심 안으로 끌어들이신다.

예수님이 아나니아를 찾아오셨다. 천사나 다른 사람을 대신 보내지 않으시고, 주님이 직접 친히 그를 찾아오셨다. 그리고 콕 집어 '아나니아야'라고 그의 이름을 부르셨다. 그리고 아나니아는 '주님, 제가 여기 있습니다'라고 대답하며 주님을 맞이한다. 주님이 계획하고 행하시려는 일을 위해, 자신을 부르시는 음성에 온전하게 복종할 준비를 하고 주님께 대답한다. 이것이 바로 예수님이 아나니아를 찾아와 만나신 장면이다.

남 좋은 일만 꼬치꼬치 당부하시다

11 주께서 이르시되 일어나 **직가라 하는 거리로 가서**
유다의 집에서 다소 사람 사울이라 하는 사람을 찾으라
그가 기도하는 중이니라 (행 9:11)

예수님이 아나니아에게 명령하신 내용은 아주 단순하다. 주님은
순서대로 세 가지 세부 명령을 하셨다.

첫 번째 명령은 '일어나 가라'는 명령이다. 아마 아나니아
는 무릎을 꿇은 채 주님 말씀을 들었거나, 아니면 땅바닥에 엎
드렸던 모양이다. 주님은 그런 아나니아에게 '일어나라'고 하시
고, '가라'고 명령하신다. 예수님의 명령은 여유라곤 없이 숨 막
히게 내지르는 명령이다. 아나니아에게 생각해 보라고 시간을
줄 수도 있을 텐데, 주님은 그렇게 하지 않으신다. 더군다나 평생
에 단 한 번일지도 모를 주님과의 귀한 만남을 차분하게 묵상하
고 마음속 깊이 은혜를 누릴 여유조차 주지 않으신다.

예수님은 어디로 가야 하는지 아예 주소를 불러 주신다.

'직가'는 직선으로 쭉 뻗은 거리(直街, Straight Street)라는 뜻이다. 오늘날 다메섹에는 아나니아와 바울 때의 다메섹이 구시가지(old city)로 남아 있는데, 도시 중간에 동서를 가로지르는 직가가 있다. 이 길은 당시에 상당히 넓고 중요한 도로여서 도무지 모른다고 하거나 다른 곳으로 빙 둘러 갈 수 없는 길이다. 또한 주님은 '유다의 집'에 바울이 머물고 있다고 알려 주신다. 문패에 적힌 이름까지 알려 주신 것이다. 요즘 식으로 말하자면 '다메섹 시 직가 길 유다의 집'이라고 상세 주소를 알려 주신 셈이다. 아나니아는 다메섹에 거주하던 사람이 아니던가. 손바닥 만한 그 도시에 살았기에, 주님이 불러 주신 주소가 어디인지 눈감고도 훤히 알 수 있었을 것이다.

아나니아는 뭘 해야 할지 고민할 필요도 없었고, 어디로 가야 할지 우왕좌왕할 필요도 없었다. 그는 그저 순종하기만 하면 된다. 이 말씀에 순종하기 위해 그 어떤 준비 과정도 필요하지 않았다. 그 자리에 뭉그적거리며 잠시 주저앉고자 하는 모든 이유를 치워 버리고, 그저 '일어나서 가기만' 하면 되었다.

아나니아가 처음 받은 명령인 '일어나 가라'는 명령은, 아나니아 혼자 받은 명령이 아니다. 예수님은 처음부터 예루살렘부터 땅끝까지 온 세상에 교회가 세워지기 원하셨다. 10년 뒤가 아니라 바로 지금 세우기 원하셨다. 이미 예루살렘에도 교회가 세워졌고, 사마리아에도 교회가 세워졌지만, 아직 땅끝에는 교회가 세워지지 않고 있었다. 더군다나 주님의 수제자 베드로를 포함하여 아무도 이 일을 위해 나서지 않고 있었다. 지금까지 세워 놓은 교회들에 죽치고 앉아 있는 것이 아니라, 주님 명령대로 새로운 교회를 세우는 일에 나서야 하는데, 제자들 중 누구도 그 일을 하지 않았다. 이에 예수님께서는 직접 땅끝까지 교회를 세우고자 하신다. 그리고 이를 위해 바울과 아나니아를 각각 부르셔서 이 두 사람이 만나게 계획하고 계시며, 조금 후에는 고넬료와 베드로를 각각 불러 서로 만나게 하실 것이다.

예수님은 네 사람 모두에게 똑같이 이름을 불러 주셨고, '일어나서 가라'는 똑같은 명령을 하셨다. 예수님은 주님을 만나 고꾸라진 바울을 향해 '일어나서 시내로 들어가라'고 명령하셨다(행 9:6). 고넬료에게는 사람들을 욥바로 '보내라'고 명령하셨다(행 10:5). 문자적으로 '일어나라'고 명령하신 것은 아니지만, 의미상 일어나서 가라는 것과 일맥상통한다. 베드로에게도 마찬가지였다. 처음에 환상을 보여 주실 때 '일어나' 잡아먹으라고 명령하셨고(행 10:13), 조금 뒤 고넬료가 보낸 사람들이 그를 찾아왔을 때 '일어나' 그들과 '함께 가라'고 명령하셨다(행 10:20).

이들 중 새로운 교회를 세우겠다고, 땅끝까지 가겠노라고 먼저 나선 사람은 아무도 없었다. 그렇다고 주님이 이름을 불러가며 한 사람 한 사람 찾아가셨을 때 기쁨으로 맞이하며 즐겁게 순종하겠다고 나선 것도 아니었다. 그런 그들에게 예수님은 '일어나라', '가라'라고 똑같이 명령하셨다. 교회를 세우는 일에 목숨 걸고 헌신했던 사도들에게도, 새로운 교회를 세우기 위해 수고하고 새 발걸음을 내딛는 일은 녹록지 않은 일이었나 보다. 그래서 주님은 그들을 향해 '생각해 봐라, 고민해 봐라, 좀 더 기도해 보고 결정해라' 이렇게 말씀하지 않으시고, '일어나서 가라'고 곧장 명령하셨나 보다.

아나니아에게 하신 두 번째 명령은 '찾으라'이다. 주님은 '유다의 집'에 가서 바울을 찾으라고 명령하신다. 아나니아가 직가거리에 있는 '유다의 집'으로 가기만 하면 모든 일이 끝나는 것이 아니었다. 아나니아가 그곳에 가도 아무도 마중 나와 있거나 환대하지 않을 것이다. 오느라 수고했다고 등을 토닥여 주지도 않을 것이다. '유다의 집' 문을 열고 들어가는 것도, 집안을 둘러보고 바울을 찾는 것도 아나니아의 몫이었다. 주님이 원하셔서 아나니아와의 만남이 이루어지신 것처럼, 이제 아나니아가 모든 과정을 준비하고 진행해서 바울과의 만남을 이루어야 한다.

예수님은 이번에도 아주 상세한 정보를 주신다. 찾아야 할 사람이 '다소' 출신이라는 것과 이름이 '사울'이라는 점, 그리고 현재 '기도하고 있다'는 사실을 알려 주신다. 작은 집안에 몇 명이나 있었는지 알 수 없지만, 아마 아나니아는 주님이 지목하신 사람을 쉽게 찾을 수 있었을 것이다. 바울을 못 찾겠다고 변명할 수 없다. 주님은 아나니아에게 어느 거리 누구의 집에 가야 하는지, 그 집안에서 어디 출신 누구를 찾아야 하는지 또렷하게 알려 주셨다. 절대로 놓칠 수 없도록, 반드시 만나도록 친절하게 정보를 주며 명령하신 것이다. 그분께서는 아나니아가 바울을 꼭 만나기 원하셨다.

예수님이 가장 원하신 일은 세 번째 명령을 통해 나타난다. '안수하여 다시 보게 하라.' 앞선 두 명령은 세 번째 명령을 실천하기 위한 과정이다. 어떻게 보면 '일어나서 가라'는 첫 번째 명령은, 바울이 찾아와야만 눈을 고쳐 주겠다는 태도를 갖기보다 먼저 가서 고쳐 주라는 의미이고, '찾으라'는 두 번째 명령은 회개할지 안 할지 모르더라도 바울이라는 사람을 기꺼이 고쳐 주라는 의미인 것이다.

주님은 '안수'해 주라고 구체적인 방법을 지정하신다. 말로만 치유를 선포하는 것이 아니라, 그의 몸에 손을 얹어 고치라는 것이다. 만약 주님이 단순히 '도와주어라' 또는 '은혜를 베풀어라'라고 폭 넓게 말씀하셨다면, 아나니아는 바울의 눈을 뜨게 해주지 않고 자신이 내키는 만큼만 행동했을지도 모른다. 이토록 구체적인 명령은 아나니아에게는 짐이었을 수 있다. 만약에 고넬료를 찾아가던 베드로가, 고넬료 집에 미리 모여 있던 이방인들이 자신의 설교가 끝나기도 전에 성령충만을 받으리라고 주님께 미리 들었다면, 과연 순종했을까? 거절하고 싶지 않았을까? 그래서인지 몰라도 베드로는 고넬료에게 가라는 것 외에는 아무 귀띔도 받지 못했다. 하지만 아나니아는 달랐다. 그는 '일어나 가서' '찾은 뒤' '안수해서 눈을 뜨게 하라'는 명확하고 구체적인 명령을 들었다. 그래서 혹시 자신이 싫어하는 결과가 뻔히 예상되더라도, 순종하기로 택한다면 그 명령을 다른 내용이나 방식으로 대체할 수 없었다. 아나니아는 반드시 문자 그대로 행동해야만 '순종'이 되는 그런 명령을 받은 것이다.

예수님의 명령은 이것으로 끝난다. 다른 내용은 없다. 주님은 아나니아에게 이 일을 잘 하면 어떤 보상을 받을 수 있는지, 어떤 상급을 주실 것인지 하나도 언급하지 않으신다. 하다못해 옷 한 벌이나 밥 한 끼라도 사주겠다고, 집사나 장로가 되게 해주겠다고 하지도 않으신다.

바울이 하던 핍박이 사라지게 되니 아나니아도 간접적으로 혜택을 보는 것이 아닐까? 천만에. 사도행전은 회심한 바울이 다메섹에서 활동하자 유대인들이 바울을 죽이려 했다고 기록한다. 핍박은 여전했다. 오히려 더 심각해졌다. 예전에는 핍박자 바울이 다메섹 성도들을 그저 잡아가기 위해 외부에서 달려왔지만, 나중에는 다메섹 내부에서부터 성도들을 죽이려는 일이 횡행하게 되었으니 말이다(행 9:23-25).

주님 명령은 아나니아에게 물리적인 보상은 물론이고 정서적인 보상조차 주지 않았다. 아나니아는 하나님의 정의가 실현되었다는 만족감이나, 핍박받던 다메섹 교회가 하나님께 가장 좋은 선물을 받았다는 위로감도 가질 수 없었다. 아나니아에게 주어진 명령은 어떤 점에서도 그의 감성을 치유해 주거나 풍성하게 만들어 주지 않았다. 주님 명령은 아나니아의 마음과 감정이 아니라 온전히 주님만을 만족시키는 명령이었다.

주님은 아나니아와 아무 상관 없는 일, 일이 끝난 이후에도 아나니아에게 아무 유익이 돌아오지 않는 일을 명령하셨다. 문자 그대로 '주님의 일'을 명령하셨다. 아나니아는 순도 100퍼센트 주님의 일을 행하라고 명령받은 것이다.

구원받은 성도는 사도 바울의 고백처럼, 살아도 주를 위하고 죽어도 주를 위한다. 또 풍요에 처할 줄도 알고 가난에 처할 줄도 알아야 한다. 그런데 우리는 종종 성도가 높은 지위에 오르면 그것 자체가 주님께 영광이 되고, 주님을 위해 무언가를 할 수 있게 된 것이라 착각한다. 자신을 위해 열심히 산 것인데도, 주님을 위한 일이라고 포장하곤 한다. 우리는 사소한 일이나 중요한 일이나 나의 모든 일을 주를 위해 행해야 하지만, 그렇다고 우리가 행하는 모든 일이 주님을 위한 일인 것은 당연히 아니다.

고시에 합격하거나 의사가 되면 가장 큰 이익을 누리는 사람이 누구인가? 자기 자신이다. 뼈 빠지게 공부한 대가를 당사자 자신이 가장 많이, 가장 오래, 가장 풍성하게 소유하고 누린다. 내가 유명해지고 내가 부자가 되고 내가 신분 상승을 누린다. 반면 예수님은 그 사람이 고시에 합격해도 아무 유익을 누리지 않으시며, 불합격해도 아무 불이익을 당하지 않으신다.

주님의 일은 이런 종류의 일이 아니다. 아나니아가 받은 명령처럼, 아무 보상도 상급도 누릴 수 없고, 나의 유익과는 아무런 상관도 없는 일, 그저 '주님이' 원하시기 때문에 내가 순종하고 희생하고 헌신해야 하는 일이다.

장면 4

주님 하시던 일 떠맡기

> 11 주께서 이르시되 일어나 직가라 하는 거리로 가서
> 유다의 집에서 다소 사람 **사울이라 하는 사람을 찾으라**
> 그가 기도하는 중이니라 12 그가 아나니아라 하는
> 사람이 들어와서 자기에게 안수하여 **다시 보게 하는 것을**
> 보았느니라 하시거늘 (행 9:11-12)

예수님이 아나니아에게 명령하신 내용은 복잡하지 않다. 하지만
이 명령에는 그냥 빙긋 웃으며 순종할 수 없는 무겁고 중요한 특
징들이 담겨 있다. 이제 주님 명령의 세 가지 특징을 장면 4, 5,
6에 걸쳐 하나씩 나누고자 한다.

　　우선, 예수님이 아나니아에게 바울을 찾아가라고 하신 명
령에는 누가 봐도 이해되지 않는 점이 있다. 이미 예수님이 바울
을 찾아가셨는데 또 아나니아에게 바울을 찾아가라고 하신 점
이다. 주님은 군이 아나니아를 만나실 필요가 없었다. 아나니아
에게 부담스럽고 어려운 부탁을 하실 필요 없이 그냥 바울을 만

난 김에 주님이 모든 일을 해결하시면 그만이다.

특히나 주님이 바울을 만나 주신 방식을 생각하면 더 그렇다. 예수님께서는 하나님 보좌 우편에서 자리를 박차고 일어나서서 다메섹 도상으로 친히 내려오셨고, 직접 바울을 만나 주셨다. 바울은 대리자를 통해서 주님을 만나거나, 개인적인 영적 체험이나 황홀경을 통해 주님을 만난 것이 아니다. 주님은 단순한 소리(sound)가 아니라, 친히 입을 열어 그분의 목소리(voice)를 사용해 바울을 부르셨다. 사도행전 9장, 22장, 26장은 예수님이 바울을 찾아가시는 장면을 세 번이나 반복해서 상세하게 기록한다. 바울이 다메섹에 가까이 다다랐을 때에, 하늘에서 해보다 더 밝은 빛이 '바울과 동행들'을 둘러 비추었고 주님은 친히 음성으로 바울에게 말씀하셨다. 일행은 주님이 목소리로 하신 말씀의 내용을 정확하게 분별하지 못했을 뿐, 그 빛과 소리를 분명히 보고 들었다. 보통의 경우 누군가가 하나님의 음성을 들었다고 할 때 그 음성들은 대부분 성도의 영혼과 마음 안에서만 울려나는 것이기에, 그것이 정말 하나님 음성인지 아니면 내적인 자기 확신에서 생겨나는 소리인지 점검이 필요하다. 그러나 바울이 다메섹 도상에서 주님을 만난 경험은 다르다. 무언가 영광스러운 실체(reality)가 객관적인 모습과 소리로 찾아와 임재했다.

드물지만 필요에 따라 하나님은 이런 방식으로 사람을 만나신다. 구약에서 다니엘이 힛데겔 강가에서 '허리에 우바스 순금 띠를 띠고 세마포 옷을 입은 한 사람'의 모습을 보았을 때, 함께 있던 사람들도 선명하지는 않지만 무언가를 보고 들은 뒤 떨며 도망했다. 나 역시 비슷한 경험에 대해 들어본 적이 있다. 어렸을 적 교회 부흥회에 오셨던 인도 출신 목사님이 인도에 있는 예배당 뒤편에서 천사를 만났는데, 너무나 놀랍고 기뻐서 천사에게 잠시만 기다려 달라고 한 뒤, 얼른 교회에 들어가 다른 성도들을 불러와 함께 천사를 만났다고 하셨다. 간증이 거짓이 아니라면, 그 목사님은 다른 사람들도 함께 경험할 수 있는 천사의 '실재적인' 임재를 경험했던 것이다.

이와 같이 예수님께서는 바울을 만나 주실 때 아나니아, 고넬료, 베드로를 만나 주실 때보다 더 직접적이고 놀라운 은혜의 방법을 사용하셨다. 스데반이 순교할 때에도 보좌에서 그저 일어나기만 하셨던 주님이, 스데반을 죽이는 데 앞장섰던 바울을 만나 주실 때는 친히 이 땅 위에 임재하셔서 바울을 만나 주신 것이다. 그런데 이런 마당에 아나니아를 만나는 것이 필요할까? 아나니아와의 만남이 바울에게 어느 정도의 영적, 감정적 감동과 유익을 가져다 줄 수 있을까? 너무 맹숭맹숭한 만남에 불과하지 않을까?

주님은 왜 아나니아더러 바울에게 두 번째 만남을 겪게 하셨을까? 그분은 바울에게 안수해 주실 수도 있고, 눈을 다시 뜨게 해주실 수도 있다. 아나니아보다 더 완벽하게 말이다. 하지만 그렇게 하지 않으시고 아나니아를 보내셨다. 예수님은 지금 일을 번거롭게 하고 계신다. 바울로 하여금 기다리게 한 뒤, 굳이 아나니아를 찾아가서 부탁하는 수고를 마다하지 않으신다.

그렇다. 주님께선 아나니아로 하여금 예수 그리스도를 대신해 일하도록 사명을 주고 계신다. 일부러, 계획적으로 이렇게 행하고 계신다. 좀 더 세밀하게 말하자면 예수님이 하시던 바로 그 일을 절반만 하시고선 나머지를 아나니아에게 맡기신다. 문자 그대로 예수님이 친히 하시던 '주님의 일'을 뒤이어 하게끔 명령하신 것이다.

따라서 바울에게 아나니아는 예수님이나 마찬가지이다. 만약 바울이 아나니아를 만나지 못하게 된다면, 그는 주님 말씀을 절반만 듣게 되는 셈이고, 눈을 감기시는 주님만 만나고 고쳐주시는 주님은 만나지 못하게 된다. 바울이 바울답게 되는 것, 그리고 원수가 제자가 되는 일은 이처럼 주님과 아나니아의 합작품으로 열매를 맺는다. 아, 주님은 얼마든지 한꺼번에 깔끔히 처리하실 수 있으신데도, 일부러 일거리를 남겨 두셨다. 그리고 아나니아를 찾아가시고 부르시고 명령하시며 그에게 '예수님의 일'을 대신 행하라고 하신다.

이런 양상은 아나니아뿐만 아니라 성경의 다른 이야기에서도 찾아볼 수 있다. 사도행전 초반부에는 성전 미문(美門)에 앉아 구걸하던 앉은뱅이가 나온다. 성경은 이 앉은뱅이가 태어나면서부터 장애인이었고, 사람들이 날마다 성전 미문에 데려

다 놓아서 지나다니는 사람들에게 구걸할 수 있게끔 했다고 기록한다(행 3:2). 이 사람은 태어나면서부터 앉은뱅이였으니 구걸을 한 것도 상당히 오래되었을 것이다. 그리고 예수님 당시 예루살렘은 지금보다 훨씬 더 작은 성이었다. 그렇다면 예수님은 예루살렘을 드나들다 미문을 지나실 때 혹시 이 앉은뱅이를 보신 적이 있지 않을까? 만약 보셨다면, 그런데도 외면하고 고쳐 주지 않으셨다면 왜 그러셨을까? 아마 주님께선 속으로 이렇게 말씀하셨을 것이다. '조금만 기다리렴. 어렵겠지만 조금만 더 기다리렴. 여기 내 뒤에 쫄랑거리며 따라오고 있는 베드로라는 녀석이 얼마 후면 널 고쳐 주고 널 걷게 해줄 거란다. 지금 당장 내가 널 고쳐 줄 수 있지만, 조금 더 있다가 내 제자 베드로를 네게 보내 주마. 이 사람을 보내 널 고쳐 주마.'

그리고 우리가 잘 아는 대로, 사도행전에 나오는 베드로는 돈을 구걸하던 이 앉은뱅이에게 선포한다. "은과 금은 내게 없거니와 내게 있는 이것을 네게 주노니 나사렛 예수 그리스도의 이름으로 일어나 걸으라"(행 3:6). 이 선포를 통해 이 앉은뱅이는 자리에서 일어나 걷기도 하고 뛰기도 하며 하나님을 찬양했다. 예루살렘이라는 좁은 공간에서 주님과 같은 시간, 같은 장소를 누리고 살았지만 그는 다른 장애인들이 고침 받는 동안 고침 받지 못한 채로 살았다. 그러나 주님이 방치하신 것처럼 보였던 그는 다름 아니라 예수님의 이름을 선포하는 한 제자를 통해 고침 받았다. 예수님이 하시던 일을 똑같이 행하는 제자를 통해, 주님이 남겨 놓으신 일이 성취된 것이다.

　주님께선 한 번에 가난한 자들을 부요케 하실 수도 있으시고, 모든 앉은뱅이를 다 일으키실 수도 있으시다. 그러나 그분은 제자들과 우리들이 주님을 대신해 감당해야 할 몫으로 가난한 자들과 앉은뱅이들을 이 땅에 남겨 두셨다. 굶주린 오천 명을 먹이라고, 앉은뱅이를 일으켜 주라고, 귀신 들린 아들을 둔 아버지의 문제를 해결해 주라고, 그분이 하시던 일을 중간에 그만둔 채 제자들에게 남기신 것이다.

　선교에서도 주님은 제자들에게 남은 일을 맡기신다. 예수님께서는 공생애 내내 팔레스타인 지역에서만 사역하셨다. 고집스럽다고 할 만큼 팔레스타인을 벗어나지 않으셨다. 반면, 사도 바울은 세계를 누비며 복음을 증거하고 교회를 세웠다. 선교여행도 여러 번 다녔다. 예수님의 다른 제자들도 주님이 승천하시면서 명령하신 대로 '땅끝까지' 찾아가서 교회를 세우고 세례를 주고 성도들을 양육했다. 예수님이 세계 곳곳을 돌아다니지 않으신 것은, 교통 문제나 돈 문제 때문이 아니다. 예수님, 사도 바울, 베드로와 사도 요한은 동시대를 살았기에 주님도 바울과 마찬가지로 온 세상을 이웃 동네처럼 돌아다니실 수 있었다. 하지만 예수님은 예루살렘과 온 유대, 그리고 사마리아와 땅끝까지를 제자들과 사도 바울의 몫으로 남겨 두셨다. 그리스도만이 교회를 세우실 수 있지만, 제자들을 보내 그 모든 곳에 교회를 세우게 하셨고, 하나님 나라를 성취하게 하셨다. 정확하게 말하자면 그분이 선포하신 것처럼 제자들이 선포하고, 그분이 행하신 것처럼 제자들이 기적을 행하게 만드셨다. 주님이 행하시던 바로 그 똑같은 일을 제자들이 이어서 하도록 부탁하신 것이다.

'주님의 일'은 무언가 새롭고 획기적인 일을 하는 것이 아니다. 예수님이 찾아가시던 곳을 뒤이어 찾아가고, 예수님이 만나시던 가난한 자들을 뒤이어 만나고, 예수님이 선포하신 바로 그 말씀을 뒤이어 선포하고, 예수님이 행하시던 바로 그 일을 뒤이어 행하는 것이다. 이것이 바로 직분이다. 주님이 누군가에게 절반만 은혜를 베풀고 남겨 두신 나머지 일들을 마저 감당하며 마무리 짓는 것이다. 예수님이 하시지 않은 일에 과도한 충성과 관심을 기울이면, 그것은 자기 교만이 되거나 자기 자랑으로 쉽게 전락하고, 심지어 종교적 열심으로 교회를 망치기도 한다.

우리는 주님보다 영광스럽지 않고, 주님보다 연약하고, 주님보다 무지하다. 하지만 주님보다 무능력했던 베드로가 미문에 앉아 있던 앉은뱅이를 일으킨 것처럼 살아야 한다. 주님의 삶을 한 번도 보지 못했지만 주님이 한 번도 가지 않으셨던 곳들을 찾아다니며 주님을 전했던 사도 바울처럼 직분을 감당해야 한다. 예수님께서는 십자가 고난과 부활은 완성하셨지만, 주님이 지상에서 행하시던 대부분의 일들은 미완성인 채 남겨 두셨다. 예수님이 얼마든지 혼자서 다 하실 수 있는데도 굳이 남겨 두신 일들을 우리가 감당해야 한다. 이것이 아나니아가 받은 명령의 본질이다.

달갑지 않은 사람을 위하여

13 아나니아가 대답하되 **주여 이 사람에 대하여 내가 여러 사람에게 듣사온즉** 그가 예루살렘에서 주의 성도에게 적지 않은 해를 끼쳤다 하더니 14 여기서도 주의 이름을 부르는 모든 사람을 결박할 권한을 대제사장들에게서 받았나이다 하거늘 (행 9:13-14)

예수님께서 아나니아를 찾아오셔서 주님을 대신하는 사람, 주님이 행하다 남겨 두신 일을 감당하는 자가 되라고 불러 주셨다는 사실은, 제3자가 듣기엔 매우 감격스럽고 가슴 벅찬 소명일지도 모른다. 아무에게나 주어지는 명령도 아니고, 아무나 감당할 수 있는 일도 아니기 때문이다. 그렇지만 이 일이 그에게 온전히 기쁨과 환희이기만 했을까? 앞서 말했듯이 주님 명령은 아나니아가 아니라 바울에게만 관련된 일이었고, 아나니아가 원하거나 좋아하는 일도 아니었다. 아나니아는 이런 명령을 자신이 받게 될 것이라고 꿈도 꾸지 않았을 것이다. 바울을 찾아가 안수하고 그의 눈을 뜨게 해주는 일을 상상이나 했겠는가.

어쩌면 아나니아는 주님을 만나고 명령을 들으면서, 마치 바울이 그랬던 것처럼 '눈앞이 캄캄해지는' 느낌을 받았을지도 모른다. 밥을 먹다가 바울처럼 '숟가락을 손에서 놓쳐 떨어뜨리면서' 식욕마저 잃어버렸을지도 모른다. 만약 여러분이 아나니아라면 주님을 만난 것이 기쁘겠는가? 주님을 만났다고 환호성을 지르겠는가? 아닐 것이다. 이 일은 아나니아가 연약한 한 인간 실존으로 감당하기에는 너무 무거운 짐이었다.

첫째로, 예수님은 아나니아가 잘하는 일을 명령하신 것이 아니었다. 차범근에게 축구를 시키고, 선동렬에게 투수를 시키고, 박세리에게 골프를 시키면, 그나마 일이 수월하지 않겠는가? 무리뉴에게 축구 감독을 시키고, 이휘소에게 물리학을 공부시키고, 파바로티에게 노래를 시키면, 훈련하고 연습하는 과정이 힘들어도 그나마 할 만하지 않겠는가? 아나니아는 어떤 부분에 재능이 있었을까? 건축에? 노래에? 혹은 기도나 말씀 선포에? 아나니아에게 교회 건축에 나서거나 성가대를 열심히 하거나, 아니면 더 오랫동안 핍박받으라고 명령하셨다면, 좀 더 수월하게 감당할 수 있었을지도 모른다.

사실, 예수님은 제자들에게 주님 일을 맡기실 때도 그들의 재능에 따라 일을 맡기지 않으셨다. 주님은 바울을 율법관리위원장으로 세우지도 않으셨고, 베드로를 어업생활협동조합장으로 세우지도 않으셨다. 사도행전 15장에는 기막힌 장면이 나온다. 바울과 바나바가 1차 선교여행을 마친 뒤 안디옥에 돌아와 목회하던 중에, 유대에서 온 어떤 사람들이 '모세의 법대로 할례 받지 않으면 구원받지 못한다'고 주장하면서 교회 안에 분란을 일으켰다. 안디옥 교회 목회자였던 바울이 율법 전공자였는데도, 안디옥 성도들은 바울의 말을 신뢰하지 않았다. 그들은 바울과 바나바 그리고 몇몇 사람들을 예루살렘에 있던 사도들과 장로들에게 보내서 이 문제를 해결하기로 한다. 율법에 탁월한 바울, 그것도 최고의 율법학자 가말리엘 문하에서 수학한 바울이, 다른 것도 아니고 율법 관련된 내용을, 글자도 모르고 고작 전직 어부였던 베드로에게 물어보러 간 것이다. 그리고 예루살렘에서 최초로 모인 공의회에서 가장 강력한 권위로 발언한 사람은 베드로와 주님의 형제 야고보였다. 주님의 직업이 목수이셨으니 아마 야고보 역시 교육받지 못한 채 험한 일을 하던 사람이었을 것이다. 그러나 예루살렘 공의회는 바울이 아니라 야고보의 의견대로 결정을 내렸고, 바울은 고작해야 그 내용을 담은 편지를 고이 들고 안디옥으로 돌아가 전달하는 일을 했을 뿐이다.

물론 주님은 때때로 재능에 맞게, 능력에 맞게, 내가 잘하는 일들을 맡기기도 하신다. 그러나 재능과 전공이 자신이 무슨 일을 통해 주님을 섬길 것인지를 결정하는 가장 중요한 기준은 아니다. 성도들에게 명령되는 직분은 항상 주님의 일이며, 이는 재능이나 전공보다 예수님의 뜻과 가장 깊은 밀접성을 갖는다.

회계학 전공이건 법학 전공이건 공학 전공이건, '말씀'을 증거하고 선포하며, 성도들을 '가르치고 양육하는' 일들을 감당해야 한다. 내가 잘하는 일을 통해서 주님 일을 하는 것이 아니라, 주님이 명령하신 일을 감당하며 주님 일을 해야 하는 것이다.

그렇기에 우리는 항상 능력 없고 부족하고 연약한 우리의 빈손을 주님 앞에 허여멀겋게 드러내야만 한다. 그리고 그분 앞에 엎드려 간절함으로 부르짖어야만 한다. 우리가 빈손에 불과함을 잘 아시면서도 주님이 명령하셨으니 주님 일을 감당할 수 있는 힘과 은혜를 공급해 달라고 부르짖어야만 한다. 제자는 잘하는 일을 하는 사람들이 아니라 주님 일을 하는 사람들이며, 내 힘으로 그 일을 감당하는 것이 아니라 주님이 공급하시는 힘과 은혜로 감당하며, 이를 위해 성실과 노력으로 부단히 땀 흘리는 사람들이다.

둘째로, 예수님은 아나니아의 본성이 원하고 좋아하는 일이 아닌 명령을 하셨다. 그의 뿌리 깊은 본성이 원치 않는 일, 싫어하는 일을 명령하셨다. 차라리 아나니아가 불치병자나 귀신들린 딸을 둔 어미로서 주님을 만났다면 그는 처음부터 기뻐했을 것이다. 간절한 문젯거리를 예수님이 들어주실 것이기 때문이다. 아나니아처럼 바울과 베드로 역시 그들이 원하거나 좋아하는 일을 하라고 명령받지 않았다. 아나니아가 만난 예수님은 바울과 베드로가 만난 예수님과 정말 동일한 분이다. 이들과 주님의 만남 안에는 '나의 원함, 나의 기쁨'은 들어 있지 않았다. 그저 자기를 부인하고 자기 십자가를 감당해야만 하는 모질고 거친 명령만이 들어 있었다.

주님이 그러실 수밖에 없는 이유가 있다. 제자들은 예수님께서 고난당하시고 부활하시고 승천하시고 사도로 사역하는 시점에서도, 그들의 고집스런 생각, 그들의 바람, 그들이 좋아하는 일을 중심으로 사역을 전개하곤 했다. 자신의 생각을 접고 온전하게 순종하는 것을 매우 힘겨워했다. 예수님은 부활 이후 40일 동안 '하나님 나라의 일'에 대해서 가르치시며, 제자들에게 몇날이 못 되어 성령으로 세례를 받을 것이니 예루살렘을 떠나지 말고 기다리라고 명령하셨다(행 1:3-5). 그런데 사도들이 주님이 승천하시기 직전 마지막으로 물었던 것이 무엇이었던가? '이스라엘 나라의 회복'이 지금 이루어지냐는 것이었다(행 1:6). 예수님은 하나님 나라와 성령 세례에 대해서 말씀하시는데, 사도들은 고작 하늘을 향해 던지는 질문이 '이스라엘의 회복'이었다. 예수님은 오죽했으면 '그런 것들에 신경 쓰지 말아라. 너희에게 성령님께서 임하시면…'이라고 대답하셨겠는가(행 1:7-8).

그래서 우리는 주님을 섬기는 일을 할 때에도 다시 한 번 진지하고 투철하게 살펴봐야 한다. 이 일과 이 방법이 과연 주님의 일과 방법인가, 아니면 주님 제자가 되기는 했지만 아직 온전히 주님을 닮지 못한 내 악한 모습이 좋아하고 선택한 일과 방법인가? 사람은 철저하게 타락했고 지독하게 악한 존재이기에 회심하고 주님 제자가 된 이후에도 주님 영광을 삶의 목적으로 삼지 않는 경우가 허다하다. 목적이 바뀌어도 예전의 세속적 방법과 과정을 그대로 고수하는 경우들은 더더욱 많다. 마치 도박꾼이 회심한 이후에도 한 번쯤 도박판에서 돈을 쓸어모아 예배당 건축에 보태고 싶어 하듯이 말이다.

마지막으로, 예수님은 아나니아에게 '원수를 찾아가 사랑하라'고 명령하셨다. 이 일은 우리 중 그 누구도 하고 싶지 않고 기뻐하지도 않으며, 잘할 수도 없는 일이다. 연약하고 어리석고 악하고 패역한 인간 본성은 도무지 이 일을 잘 할 수 없다. 누군가가 용서되지 않아서 분노, 좌절, 미움 때문에 힘겨워하는 영혼들이 얼마나 많은지 모른다. 심지어 자기 영혼조차 부르르 떨며 깊은 상처를 덧나게 할 만큼 힘겨워하는 가련한 이들도 많다. 용서하기가 너무 어려워 죽어도 용서를 못하겠다고 소리치는 사람들도 있다.

하물며 원수를 용서하는 것을 넘어 원수를 사랑하고 선대하는 일은 한 차원 더 어렵다. 용서하는 일이 달랑 '하나'에 해당한다면, 원수를 사랑하는 일은 '열'이나 '백'에 해당할 만큼 힘겨운 일이다. 자기를 부인해야만 가능한 일이기 때문이다. 주님은 아나니아에게 원수를 선대하고 축복하고 고쳐 주라는 괴롭고 부담스러운 명령을 하신다. 그래서 두 눈 딱 감고 순종하기엔 주님 명령이 너무 크고, 무겁고, 깊다.

만약 다른 명령이었다면 어땠을까? 가난하지만 헌금을 많이 하라고 '소유'와 관련된 명령을 하셨다면, '네가 비록 머리가 나쁘고 건강이 좋지 못하지만 열심히 일하고 공부해서 성공해라'라고 '성취'와 관련된 명령을 하셨다면, 피땀을 흘려서 감당할 수도 있으리라. 하지만 주님 명령은 '사람'과 관련된 것이었다. 돈, 성공, 열심, 충성이 아니라 사람, 내가 좋아하지 않는 사람, 내가 잘해주고 싶지 않은 사람, 함께하면 숨쉬기조차 거북하고 힘겨운 사람, '원수'라는 표현이 적절한 사람과 관련된 명령이었다. 말 그대로 징글징글한 일, 입술이 바싹바싹 타들어가는 일, 가슴이 먹먹해지는 일, 분노와 좌절과 미움의 감정들이 화산처럼 요동치는 일, 그게 바로 사람과 관련된 일이다. 예수님은 아나니아에게 바로 그런 종류의 일을 명령하신다. 아마 아나니아의 심정을 적나라하게 표현해 주는 표현은 이 말이 아닐까 싶다. '아니, 그 사람한테요…?'

그래서였을까? 아나니아는 '예'라는 대답을 쉽게 하지 못한다. 그리고 매우 조심스러운 태도로 바울이 어떤 사람인지 주님께 설명한다. 혹시 주님이 뭔가 착각하고 계신 것은 아닌지, 잘못 알고 계신 것은 아닌지, 상황을 잘 설명하면 '이 잔'을 옮겨 주시지 않을까 싶어서, 아나니아는 주님을 설득하려는 노력을 시작한다.

주여, 이 사람에 대하여 내가 여러 사람에게 듣사온즉

(행 9:13)

대놓고 반기를 들지 않았을 뿐, 아나니아의 마음속에는 불순종하고 싶은 본능이 꿈틀거리고 있었을지 모른다. 실제로 그에게는 불순종할 수밖에 없는 합당한 이유들이 넘치도록 있었다. 바울로 인해 고통 당한 수많은 형제자매의 슬프고 안타까운 사연들을 일일이 이야기하기 시작한다면, 그 엄청난 양은 10부작 대하드라마를 집필하고도 남을 것이다. 그러나 주님은 아나니아에게 '믿음 때문에 핍박당하고 고문당해 상하고 지친 형제'를 찾아가라고 명령하신 것이 아니라, 도리어 '원수'를 찾아가라고 명령하신다.

　　이처럼 예수님이 아나니아에게 맡겨 두신 주님의 일은 순종하기 쉽지 않은 일이었다. 기쁘고 감사한 일이 아니었다. 하지만 동시에 반드시 순종해야 하는 명령이었다. 내게 좋고, 내게 익숙하고, 내가 잘하는 '일들'을 통해서가 아니라, 나를 미워하고 죽이려던 '사람'을 사랑하고 섬기는 사랑을 통해 주님은 땅끝에 교회를 세워가신다.

장면 6

예약된 순종

> 12 그가 **아나니아라 하는 사람**이 들어와서
> 자기에게 안수하여 다시 보게 하는 것을
> **보았느니라** 하시거늘 (행 9:12)

이제 아나니아가 받은 명령의 세 번째 특징을 살펴볼 순서이다. 앞서 나온 두 가지 특징도 매우 중요하지만, 지금부터 다룰 세 번째 특징이 예수님이 아나니아에게 주신 명령에서 가장 중요한 본질에 가깝다. 나는 이 내용을 이야기할 때면, 항상 손을 모으고 몸가짐도 경건하게 한다.

예수님이 아나니아에게 명령하신 내용을 한 글자 한 글자 꾹꾹 눌러가면서 천천히 읽어 보자. 특히 12절을 잘 읽어 보자. 수백 번도 더 이 본문을 읽어 보았지만, 나는 이 부분을 읽을 때마다 주님 말씀의 준엄함으로 인해 소름 돋는 전율을 느끼곤 한다.

이 말씀을 곱씹어 보라. 놀랍게도 주님은 아나니아를 향해, 바울이 '이미' 아나니아라는 사람이 자신에게 와서 안수해 주고 다시 보게 해주는 것을 보았다고 말씀하신다. 잘 읽어 보라. 예수님은 아나니아를 찾아와 명령하시기 전에, 바울에게 아나니아에 대해 말씀해 버리셨다. 아나니아에게 허락도 받지 않으시고 미리 알려 주셨다. 주님이 바울에게 이 말씀을 하실 때는 아나니아가 아직 바울에게 가겠다고 답변하지 않은 상황이다. 아니, 아나니아를 만나기도 전이다. 그런데 주님은 물을 엎질러 버리신다. 아나니아가 올 것이라고 확정적으로 단언하신다. '혹시, 어쩌면' 아나니아라는 사람이, 아니면 다른 사람이 올지도 모른다고, 가변적으로 상황을 열어 두신 것이 아니다. 아예 수정이 불가능하도록 이름까지 알려 주신다. 그래서 바울은 직가에서 기다리고 있었다. 다른 누군가가 아니라 오직 아나니아를 기다렸다. 바울에게 어떤 상황이 벌어졌는지가 아나니아에게는 아직 깜깜무소식일 때, 바울은 분초까지 세어 가며 아나니아라는 소망을 바라고 있었던 것이다. 상식적으로, 아나니아를 먼저 찾아오셔서 양해를 구하시고 그다음에 바울에게 '아나니아가 온다고 그러는구나' 이렇게 말씀하셔야 마땅한 것이 아닌가? 그래야 순서가 맞지 않겠는가?

더군다나 예수님은 바울에게 앞으로 어떤 일이 벌어질 것인지를 매우 구체적이고 상세하게 알려 주셨다. ① 바울을 찾아올 사람의 이름이 '아나니아'이며, ② 그가 집안과 방안으로 '들어올' 것이며, ③ 바울에게 안수해 줄 것이며 ④ 그 결과 바울이 다시 앞을 보게 될 것이라고까지 말씀하셨다. 아나니아를 만나지도 않으셨으면서, 별의별 것을 바울에게 미리 알려 주신 것이다. 가만히 생각해 보면 이 내용을 어디선가 읽어 본 기억이 날 것이다. 그렇다. 이것은 예수님이 아나니아에게 명령하신 내용이기도 하다. 주님은 아나니아에게 ① 일어나 가서 ② 유다의 집에서 바울이라는 사람을 찾아서 ③ 안수해 주어 ④ 눈을 뜨게 해 주라고 명령하셨다. 바울에게 먼저 말씀하신 내용을, 아나니아를 뒤늦게 찾아가신 다음 그대로 반복해서 명령하신 셈이다.

만에 하나 아나니아가 주님 명령에 불순종한다면 어떻게 될까? 내가 죽는 한이 있더라도 절대 이 말씀에는 순종할 수 없다는 자세로 일관한다면 어떻게 될까? 혹은 마음 정리가 되지 않는다며 한 주나 두 주 정도 감정을 추스를 시간적 여유가 필요하다고 버틴다면 어떻게 될까? 아나니아가 바울에게 가지 않기로 작정하고 고집을 피운다면 바울이 본 환상은 무엇이 되며 주님 말씀은 뭐가 되는 것인가? 아, 그럴 경우 방법은 하나밖에 없다. 주님은 다시 바울을 찾아가셔야 한다. 그리고 '바울아, 미안하게 되었구나. 사실은 아나니아가 오기로 되어 있었는데 피치 못할 사정이 생겼구나. 내가 한 말을 수정하마. 아나니아 말고 다른 녀석이 올 거란다. 이번에는 실수가 없도록 내가 우선 의사를 타진해 본 다음에 누가 올지 새로운 사람을 알려 주마. 뜻하지 않게 네게 거짓말을 해서 미안하구나. 좀 더 기다려 다오.' 이렇게 말씀하시는 수밖에 없다. 주님은 바울에게 이미 하신 말씀을 번복하셔야만 한다. 주님은 거짓말쟁이가 되고, 주님 말씀은 거짓말이 되고 만다.

주님에게는 아나니아의 순종 외에는 다른 선택의 여지가 전혀 없다. 주님은 사전에 양해를 구하거나, 아나니아의 경제, 문화, 사회, 심리적 상황과 형편이 어떤지 아무것도 묻지 않으셨다. 아나니아에게만 기대신 채 배수의 진을 치신 것이다. 마치 하나님이신 예수님이 이 땅에 육신을 입고 인간으로 오셔서 십자가 고난을 감당하실 때, 이스라엘과 온 세상을 향해 그리스도를 받아들일 준비가 되었냐고 그들의 상황과 형편을 먼저 물어보지 않으셨던 것처럼 말이다. 주님을 알지도 못하고 영접하지도 않는 온 세상과 자기 백성을 위해, 십자가 고난과 부활의 영광을 막무가내로 쏟아부어 주신 것처럼 말이다.

하지만 이는 폭군처럼 폭력적인 권세를 휘두르시는 모습이 아니다. 오히려 전폭적인 신뢰와 사랑의 관계를 확신하신 모습이다. 이는 아나니아의 팔과 다리를 꺾어서라도 바울에게 끌고 가는 모습이 아니라, '주님의 주님 되심'을 오직 아나니아에게 맡겨 버리시는 모습이다. 주님은 능히 모든 것을 할 수 있으심에도 십자가에 달려 죽임 당하셨던 것처럼, 주님으로서의 권위를 아나니아에게 맡겨 버리셨다.

그렇다. 예수님께선 아나니아가 주님을 대신해 사역하라는 명령만 하신 것이 아니라, 주님의 주님 되심이 아나니아의 '복종을 통해 성취되는 모습으로 나타나는 그런 명령을 하셨다. 모든 것을 그에게 툭 던져 주시며 온전히 맡겨 버리신 것이다.

고넬료와 베드로가 만날 때도 주님은 선수를 치셔서 베드로가 순종할 수밖에 없는 명령을 하신다. 주님은 먼저 고넬료를 부르셨다. 그리고 사람들을 '욥바'에 보내어 '베드로'를 청하라고 명령하셨다. 지역과 사람 이름을 아주 분명하게 알려 주셨다. 여기에 덧붙여 베드로가 '무두장이 시몬의 집'에 유숙하고 있다고 구체적인 주소까지 알려 주셨다. 이 장면은 아나니아에게 바울을 찾아가라고 명령하시는 것과 비슷하다는 인상을 준다. 주님은 아나니아에게도 직가 거리로 가서 바울을 찾으라고 하시면서 유다의 집에 있다고 알려 주시지 않았던가.

	도시	이름	집
아나니아에게	다메섹 직가 거리로	바울을	유다의 집
고넬료에게	욥바로	베드로를	무두장이 시몬의 집

고넬료는 사람들을 보낸 뒤 다른 사람이 아니라 오직 베드로만을 기다렸다. 게다가 자기 혼자만이 아니라 친척들 및 가까운 친구들까지도 다 불러 놓고 기다리고 있었다(행 10:24). 그런데 정작 베드로는 이처럼 여러 사람들이 자신을 기다리고 있다는 사실은 꿈에도 몰랐다. 성경은 고넬료가 보낸 사람들이 욥바에 거의 다다랐을 때에(행 10:9), 주님이 비로소 베드로의 이름을 불

러 주시며 환상을 보여 주시기 시작했노라고 기록한다. 또한, 베드로가 세 번에 걸쳐 환상이 반복되는 것을 경험한 뒤 도대체 이게 무슨 뜻인지 의아해 할 바로 그때, 마침 고넬료의 사람들이 무두장이 시몬의 집을 찾아와 문 밖에서 베드로가 여기 유숙하는지를 물었다(행 10:17-18).

이런 모습은 예수님께서 얼마나 깊이 이들의 만남을 원하셨는지를 보여 준다. 예수님은 정말로 바울과 아나니아가 만나는 것을 원하셨다. 그래서 바울에게 서둘러 아나니아라는 이름을 알려 주셨고, 뒤늦게 아나니아를 찾아가 '내가 미리 바울에게 다 말해 놓았단다'라고 말씀하셨다. 아나니아의 어마어마한 순종을 바울이 보게 되기를 바라셨다. 무엇이 교회이고 무엇이 복음인지, 아나니아의 순종을 통해 바울이 직접 경험하며 배우기를 바라셨다. 또한 주님은 고넬료와 베드로가 만나는 것을 정말로 원하셨다. 그래서 베드로의 뒤통수를 치시면서까지 도무지 불순종할 수 없게 만드셨다. 하나님께서 진정 원하시는 것이 무엇인지를 선한 고넬료를 통해 베드로가 깨닫게 하시기를 원하셨다. 이방인을 향해 오그라든 베드로의 손을 고쳐 주시고, 이를 통해 안디옥에도, 아시아에도, 로마와 유럽과 땅끝까지 교회가 세워지길 원하셨다.

만약 아나니아에게 내리신 이 명령을 예수님이 우리들에게도 내리신다면, 우리는 어떻게 반응할 것인가? 주님이 나를 보내어 말씀을 가르치고 회복케 하기로 작정하신 사람이 있는데 내가 게으르고, 그 사람을 탐탁지 않게 여겨서 시큰둥하게 반응하거나 순종하는 시점을 끌며 뒤로 미룬다면, 도대체 그 사람은 어떻게 되며 주님의 말씀과 계획은 어떻게 되는 것일까? 물론 주님은 어떤 경우엔 나를 대신해 누군가를 보내실 수도 있을 것이다. 작전 계획을 변경해서 말이다. 그러나 아나니아의 경우처럼 대리 출석이 불가능한 경우도 있다. '내가 이미 네 이름을 그들에게 알려 주었다'라고 말씀하시는 주님께, 그건 주님이 잘못하신 일이니 주님이 알아서 처리하시라 말씀드릴 것인가? 새로운 교회를 세우시고자 다른 사람이 아니라 바로 당신을 찾아와 '내가 이미 너를 사용하기로 다 이야기해 두었단다'라고 말씀하실 때, 당장 할 일이 많으니 나중에 순종하겠노라고 발을 뺀다면 어떻게 될 것인가?

조금 무리한 논리라 생각할 수 있겠으나, 우리가 순종하지 않으면 하나님 나라는 사단의 나라에 눌리게 될지도 모른다. 내가 순종하지 않으면 하나님 나라는 이루어지지 않으며, 내가 전도하지 않으면 우리 교회가 문을 닫게 될 것이고, 내가 사랑하지 않으면 형제자매들은 물론, 내 옆의 원수가 헤어 나올 수 없는 고통과 미움 속에서 신음할 것이다. 주님이 남겨 놓으신 유일한 수단은 제자들뿐이었음을 우린 기억해야 한다. 그리고 그 사도들은 이미 하나님 나라에 가버렸고 이제 주님께 남아 있는 사람들은 '지금 여기를 살아가고 있는 우리들'뿐이다. 바로 당신과 내가 주님께는 다른 대안이 없는 유일한 선택일 수도 있다. 만약 우리가 지금을 살아가는 '아나니아'가 되지 않으면, '바울'은 여전히 유다의 집 구석방에 쑤셔 박힌 채 아무것도 보지 못하고 식음을 전폐한 모습으로 탄식하기만 하고 있을 수도 있다.

두려운 고백이지만 우린 직시해야 한다. 아나니아의 순종이 주님을 주님 되시게 만든다. 우리의 순종이 주님을 주님 되시게 만든다. 마찬가지로 우리의 불순종이 주님을 하늘 보좌에서 끌어내려 실없고 무책임한 존재로 만들 수도 있다. 아, 주님께선 우리에게 무한한 기회와 동시에 막중한 책임을 주셨다. 주님, 우리는 지금 어찌해야 합니까?

2부
———
넘치도록 순종하다

장면 7
———
그 집에 들어가다

17 아나니아가 **떠나 그 집에 들어가서** 그에게
안수하여 이르되 형제 사울아 주 곧 네가
오는 길에서 나타나셨던 예수께서 나를 보내어
너로 다시 보게 하시고 성령으로 충만하게
하신다 하니 (행 9:17)

사도행전은 아나니아가 주님께 복종한 모습을 단 세 구절로 기
록한다(행 9:17-19). 그러나 이 세 구절은 한 글자도 놓칠 수 없
는 보석 같은 내용으로 가득 차 있다. 여기에는 성경에 나오는
그 어떤 인물의 순종보다도 가장 아름답고 탁월하고 찬란한 복
종이 보석처럼 촘촘히 박혀 있다. 나는 내가 이 구절들을 읽을
수 있다는 것이 기쁘고, 또한 이 내용을 여러분에게 전할 수 있
다는 것 역시 너무 기쁘다. 이 세 구절을 읽을 때마다, 마치 고대
서기관들이 하나님 이름을 필사하기 전 손을 씻고 붓을 빨고 옷
매무새를 단정히 하고 기도하고 필사했듯이, 나도 잠시 호흡을

가다듬고 기도하는 마음으로 본문을 읽곤 한다. 때로는 본문 석 절을 읽은 뒤 이 내용을 기록하고 있는 성경을 만져 보기도 하고 그 위에 손을 얹은 채 회개하며 기도하기도 한다. 이 석 절은 주님께 절절하게 복종했던 아나니아의 영혼과 삶을 아름답고 진하게, 깊은 호수를 그려내듯 묘사하고 있다.

사도행전을 읽다 보면 동일한 사건을 두 번 기록하는 경우들이 있다. 그건 나름대로의 목적이 있어서 그런데, 아나니아에 관한 기록도 동일한 내용이 두 번 반복된다. 처음에는 주님이 아나니아에게 명령하신 기록이 나오고(행 9:10-16), 다음에는 아나니아가 그대로 순종한 기록이 나온다(행 9:17-19). '명령과 순종'이 연달아 나온 것인데, 너무나 똑같이 이루어졌기 때문에 두 본문은 똑같은 내용이 두 번 기록되는 모습이 될 수밖에 없었다. 이 자체가 참으로 아름다운 모습이다.

17절 첫 부분은 아나니아가 어떤 모습으로 첫 번째 순종을 시작하는지 담담하게 기록한다.

아나니아가 떠나 그 집에 들어가서 (행 9:17)

아나니아는 '자기 집'을 '떠나' 주님이 알려 주신 바로 '그 집'으로 '들어간다'. '떠나'와 '들어가다' 사이에는 사실 몇몇 장면이 생략되어 있다. 아마 아나니아는 주섬주섬 옷을 주워 입고 신발을 챙겨 신었을 것이다. 환상 가운데 주님 음성을 들었던 그 옷차림 그대로 바울을 찾아가지는 않았을 테니 말이다. 그리고 자기 집 문을 열고 거리로 나와 깊은 숨을 내쉰 뒤 자기 집 문을 두 손으로 꼬옥 닫았을 것이다. 아나니아는 홀로 떠난다. 다른 사람에게 일을 부탁하지도 않고, 혹시 '그 집'에서 내가 하고 싶지 않은 일이 생겼을 때 나를 대신해 줄 사람을 데리고 가지도 않는다.

아나니아는 주님 명령을 들은 뒤 얼마나 지체하다가 집을 떠났을까? 명령을 듣자마자 길을 떠났을까, 아니면 하루만이라도 시간을 끌다가 길을 나섰을까? 그는 언제 옷을 입고 신발을 신었으며, 문 앞에서 얼마 동안 시간을 보냈을까? 미적거렸을까 아니면 아무 미련 없이 곧장 문을 열고 밖으로 나섰을까?

우리가 잘 알듯이, 아브라함은 어느 날 밤 첫째 아들 이스마엘을 집에서 내보내라는 하나님의 음성을 듣고, 다음 날 '새벽'에 곧장 이스마엘을 빈손으로 내보냈다. 십수 년이 지나 아들 이삭을 잡아서 바치라는 명령을 듣고서도, 아브라함은 다음 날 '새벽' 길을 나섰다. 아마 두 번 다 밤새 한숨도 못 잤을 것이다. 아브라함은 아들 둘을 모두 '내보내고, 죽이러 가야만 하는' 불행한 인생이었지만, 또한 그 일을 오는 새벽에 즉시 순종했던 믿음의 사람이기도 했다. 과연 아나니아는 어땠을까?

다마스커스(당시 다메섹)에는 아직 아나니아 당시의 구시가지가 남아 있다. 물론 직가도 여전히 남아 있다. 직가는 말 그대로 쭉 뻗어 있는 길이다. 다메섹 구시가지를 동서로 가로지르며 약 1.5킬로미터 거리로 곧게 뻗어 있다. 바울이 잠시 기거하

고 있던 '유다의 집'은 직가가 끝나는 맨 동쪽 편에서 위편으로
조금 올라간 곳에 자리 잡고 있었다. 아나니아가 다메섹 어디쯤
에 살고 있었는지는 알 길이 없다. 그러나 아나니아가 일단 직가
에 들어서는 순간, 다른 곳으로 빠져나갈 구멍은 없었다. 다른
곳으로 빙빙 돌아갈 수도, 잠시 헷갈렸다며 엉뚱한 곳을 찾아가
시간을 보낼 수도 없었다. 예수님은 대단한 길치조차도 눈감고
도 찾아갈 수 있는 곳에 바울을 갖다 두셨다. 쭈욱 걸어가기만
하면 된다. 새끼를 놔둔 채 벧세메스 언덕길로 곧장 올라가던 암
소처럼(삼상 6:12), 직가 맨 끝까지 무작정 걸어가기만 하면 된다.

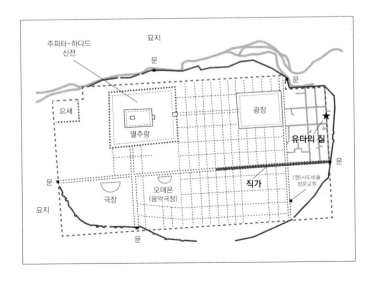

직가 맨 동쪽 끝까지 다다른 뒤, 왼쪽으로 틀어 작은 골목 길을 조금만 더 가면 '유다의 집'이 있다. 예수님이 말씀하신 바로 '그 집'이다. 아나니아는 '그 집' 대문 앞에 섰다. 그리고 잠시 주저했을지도 모른다. 뒤돌아설까 고민했을 수도 있다. 가끔 생각해 본다. 그 집 대문은 아나니아가 조금만 밀면 열릴 수 있도록 슬쩍 열려 있었을까, 아니면 단단히 잠겨 있었을까? 아나니아는 문을 두드린 뒤 누군가 열어 주기를 기다렸을까, 아니면 그저 쓰윽 밀고 들어갔을까?

여하튼 아나니아는 '그 집' 안으로 들어갔다. 집안에 발만 들여놓은 것이 아니라 집 안 여기저기를 기웃거리며 바울이 곡기를 끊고 금식하고 있던 방 안까지 들어갔다. 아나니아는 바울을 마당으로 불러낸 것이 아니다. 문밖으로 나오라고 해서 근처 분위기 좋은 카페로 간 것도 아니다. 그는 장애인이 되어 골방에 쑤셔 박혀 있던 사도 바울의 코앞까지 찾아갔다. 만약 내게 사도행전의 이 부분을 고쳐 쓸 권한이 있다면 '그 집에 들어가서'라는 표현 대신, '그 방 안에까지 찾아 들어가서'라고 쓰고 싶다. 이처럼 아나니아는 자기 집을 떠나 그 집에 들어가서 사도 바울을 만났다.

아나니아와 바울 두 사람이 처음 만나는 장면을 한번 상상해 보라. 바울은 앞을 보지 못하는 상태였기에 그저 누가 들어오는 인기척만 느꼈을 것이다. 아나니아는 문을 열고 들어서

면서 맹수처럼 날뛰던 핍박자 바울이 금식하며 조용히 앉아 있는, 가련하지만 조금 어색한 모습을 보았을 것이다. 예수님이 친히 말씀해 주셨던 바로 그 바울이었다.

성경은 두 사람이 어떤 인사말을 나누었는지 기록하지 않는다. 어쩌면 어색한 침묵을 깨기 위해 관습적으로 '샬롬'이라는 형식적인 인사말을 내뱉었는지도 모른다. 아니면, 비록 보이지는 않지만 '아나니아이신가요?'라고 바울이 나지막히 물었는지도 모른다. 하지만 우리가 성경을 통해 실제로 볼 수 있는 첫 만남의 장면은 아나니아가 바울을 불러주는 장면이다. 아나니아가 먼저 입을 열고 목소리를 내어 바울을 불렀다.

> 아나니아가 떠나 그 집에 들어가서 … 형제 사울아
>
> (행 9:17)

떨리는 마음으로 아나니아가 바울에게 들려준 첫 음성은 '형제 사울아'라는 말이었다.

원수의 이름, "형제여"

17 아나니아가 떠나 그 집에 들어가서 그에게

안수하여 이르되 **형제 사울아** 주 곧 네가

오는 길에서 나타나셨던 예수께서 나를 보내어

너로 다시 보게 하시고 성령으로 충만하게

하신다 하니 (행 9:17)

우리말 성경은 '형제 사울아'라고 번역했지만, 헬라어 성경은 아나니아가 한 말을 '사울 아델페'(사울아, 형제여)라고 기록한다. 이 두 단어는 모두 누군가를 부르는 호격(vocative) 단어이다. 이렇게 보면 아나니아가 바울을 불렀던 첫 단어는 '사울아'라는 그의 이름이었다. 한 사람을 부를 때에는 이름을 부를 수도 있고, 직분, 신분을 부를 수도 있다. 가령, '예수 그리스도'라는 호칭에는 '예수'라는 이름과 '그리스도'(메시아)라는 직분이 함께 들어 있다. 이름은 어떤 한 사람을 특정적으로 지시해 주는 반면 직분은 그렇지 않다. 다윗도 메시아라고 불릴 수 있고, 심지어 고

레스도 메시아라고 불릴 수 있다.

이름을 부르는 것은, 딱 한 사람만 집어내는 일이다. 수많은 사람들이 목사라는 직분자가 될 수 있고 교수라는 직함을 가질 수 있지만, '이다솜'이라는 이름은 한 사람만을 제한해서 호칭할 때 사용한다. 학교에 가서 '학생~'이라고 신분을 사용해 부르면 많은 학생들이 고개를 돌려 쳐다보며 자기를 부르는가 싶어 반응하겠지만, 누군가가 '박혜정~', '김태선~'이라고 이름을 부르면 한 사람만이 뒤를 돌아본다. 이름을 부른 사람은 특정한 한 사람을 부른 것이고, 불린 사람 역시 누군가에게 혼자 불린 존재가 되었기 때문이다.

그렇기에 이름을 부르는 일은 두 사람이 서로를 직접 대면하게 만들어 준다. 아나니아는 '사울아'라고 이름을 불렀다. 바울은 자신이 원하든 원하지 않든 아나니아 앞에 세워졌다. 아나니아는 지금 사도 바울과 대면하고 있다. 직가를 걸어오면서 만나려 했던 사람, 유다의 집 대문을 열면서 만나려 했던 사람, 방 안으로 들어와 얼굴을 쳐다보며 만나려 했던 사람, 바로 그 바울을 향해 '사울아'라고 이름을 부르며 직접적인 관계를 맺기 시작했다.

사도 바울은 다메섹 도상에서 주님 목소리로 자기 이름이 불린 이후 처음으로 이름이 불리는 것을 다시 듣고 있다. '사울아, 사울아'라고 하늘에서 들려오던 음성은 바울이 '유다의 집'에 있을 때도 여전히 그의 온 영혼과 귓가를 쟁쟁거렸으리라. 그렇기에 바울에게는 예수님이 부르던 음성 위에 아나니아가 부르는 음성이 오버랩되어 들렸을 것이다. 주님에게 이름을 전해 들었던 바로 그 아나니아가 방문을 열고 들어와, 마치 주님이 그러셨듯이 자기 이름을 부르고 있는 것이다.

아나니아가 사용한 두 번째 단어는 '아델페(형제여)'이다. 이 호칭은 독특하고 가슴 시린 호칭이다. '형제여'라는 호칭은 이름은 아니다. 그렇다고 신분이나 직함을 보여 주는 호칭도 아니다. 만약 사회적 신분이나 종교적 직함을 사용해 바울을 부른다면, '어이, 많이 배운 양반', '바리새인 양반', '체포영장 갖고 온 권력자 양반' 따위로 불렀어야 했다. 그런데 아나니아는 '형제여'라고 부른다. 나와의 관계가 어떠한지를 보여 주는 호칭, 정체성이 무엇인지를 알려 주는 호칭인 '형제여'라는 말을 '사울'이라는 이름 바로 뒤에 붙여서 부른다. 요즘 우리는 교회에서 형제자매라는 말을 너무나 자연스럽게 사용하기에, 아나니아의 이 호칭이 아무것도 아닌 것처럼 보일지 모른다. 하지만, 아나니아 당시 형제자매라는 호칭은 예수 그리스도를 믿는 믿음 안에서 영적 가족이 된 사람들끼리 서로를 부르던 귀하고 아름다운 호칭이었다. 믿음의 사람들끼리 서로를 아끼고 사랑하며 성도의 입맞춤을 나누며 서로를 부르던 호칭인 것이다.
이 호칭은 단지 신앙적인 것만이 아니었다. 당시 사회는 사회보장제도가 거의 없는 사회였다. 그래서 가족은 경제적, 사회적, 정치적, 문화적 안전보장 장치이기도 했다. 그렇기에 가정에서 쫓겨난다는 것은 그 모든 것을 상실한다는 의미이기도 했다. 초대교회 성도들 중 상당수의 사람들은 혈연적인 가정에서 쫓겨났다. 복음을 받아들인다는 것은, 유대인이 그들 사회에서 출교당해야 한다는 것을 뜻했고, 로마인이 그들 사회에서 멸시받는 존재가 된다는 뜻이었다. 그렇기에 믿음의 형제자매들은 성도들이 혈연적 가족으로부터 쫓겨나면서 얻은 영적 가족이었고, 동시에 친가족 이상으로 서로를 책임져 주는 관계가 되었다. 형제자매라는 관계는, 마치 예루살렘 교회에서 모두가 자기 재산을 교회 앞에 두고 각자의 필요에 따라 물질을 사용했던 것처럼 서로의 필요를 실질적으로 채워 주는 관계를 지칭하는 것이었다.

뿐만 아니라 초대교회의 형제자매라는 호칭은 모든 사회적 장벽을 뛰어넘는 호칭이었다. 주인과 종, 백인과 흑인, 남자와 여자, 부자와 가난한 자, 이들이 선천적으로 후천적으로 갖고 있던 모든 정체성과 차이점을 그리스도의 보혈 앞에 다 허물어 버리고 서로를 향해 복종하고 섬기며 부르던 호칭이 바로 형제자매였다.

이처럼 형제자매라는 호칭은 그리스도 안에서 새롭게 규정된 정체성을 보여 주는 호칭이다. 또한 피가 물보다 진하다고 하지만, 그 모든 것보다 훨씬 강하고 진한 그리스도의 보혈로 서로를 영육 간에 하나로 묶은 사람들이 서로를 부르던 호칭이다. 그리고 믿음 가운데 함께 고난 당하고, 한 치 앞도 보이지 않는

암울한 현실 속에서 서로를 소망으로 격려하고 붙들어 주던 사람들이 서로를 부르던 호칭이다.

예수님께서는 아나니아를 찾아오셔서 그저 '아나니아야'라고 이름만 부르셨다. 하지만 만약 한 마디를 더 하셨다면, 주님은 아나니아를 향해 '형제여'라고 부르셨을 것이다. 당시에 이보다 더 귀하게 관계를 규정하고 정체성을 알려 주던 호칭은 없기 때문이다.

아나니아는 사도 바울을 향해 '형제여'라고 부른다. 이름만이 아니라, 직분이나 신분이 아니라, 관계와 정체성을 드러내는 '형제여'라는 호칭으로 그를 부른다. 그래서 이 호칭은 정말이지 낯설고 어색한 호칭이다. 바울이 도대체 어떤 사람이란 말인가? 그는 다메섹에 살던 아나니아를 잡아가려고 말달려 오던 사람이며, 아나니아의 진정한 형제자매들을 사로잡아 꽁꽁 묶어 끌고 가려던 사탄의 하수인이 아니던가? 전해 오는 이야기에 의하면, 아나니아는 예루살렘에서 신앙생활을 하던 유대인이었는데 스데반의 핍박 때 다메섹으로 피신한 성도라고 한다. 이 전설이 맞다면, 아나니아를 예루살렘에서 다메섹으로 도망치게 만든 장본인 역시 사도 바울이다. 스데반을 죽이는 일에 가장 앞장섰던 작자가 바로 사도 바울이기 때문이다. 바울은 과거에도 현재에도 아나니아와 다른 모든 형제자매들에게 핍박자에 불과했고 원수일 뿐이었다. 아마도 아나니아는 예루살렘에서부터 시작해서 지금 다메섹에 이르기까지 사도 바울에 대해 호의적으로 이야기하는 내용을 들어본 적이 없을 것이다.

이런 관계만 생각해 본다면, 아나니아는 사도 바울을 향해 '이 원수 같은 놈아'라고 불렀어야 마땅하다. '내 형제 스데반을 죽인 자야'라고 부르거나 '내 형제자매를 붙잡아 가려던 악한 자식아'라고 불렀어야 할 것이다. 북받쳐 오르는 감정만 생각한다면 '이 악마 같은 원수 놈아!'라고 불렀어야 할 것이다. 그러나 아나니아는 그렇게 하지 않았다. 지금까지 당해 왔던 억울한 핍박에 대해 분풀이할 수 있는 수많은 호칭들을 뒤로한 채, 그는 바울과의 관계에서 가장 어울리지 않고 가장 어색한 표현인 '형제여'라는 호칭을 사용해 그를 불렀다. 어쩌면 '형제여'라는 말은, 아나니아의 입에서 나온 표현이 아니라, 문드러질 대로 문드러지고 찢어질 대로 찢어진 그의 가슴 속에서 흐느끼듯 새어 나온 신음소리였을지도 모르겠다. 핍박 속에 힘겨워하며 후벼 파인 그의 가슴이 통곡하듯 공명하며 쏟아낸 비명 소리였을지도 모른다. 우리들 중 누구라도 바울 같은 원수를 마주 대하면 쉽사리 '형제여'라는 말을 할 수 없을 것이다.

그렇다면 아나니아가 이처럼 바울을 찾아가고 그를 형제라고 부르는 동안, 바울은 무얼 했는가? 아무것도 하지 않았다. 식음을 전폐한 채 방구석에 앉아 있었을 뿐이다. 바울은 아나니아를 만나기 위해 한 걸음도 집 밖으로 나서지 않는다. 아나니아를 찾기는커녕, 찾아온 아나니아를 맞이하기 위해 방문을 열고 마당으로 나서지도 않는다. 아픈 사람이 병원을 찾아가듯, 목마른 사람이 우물을 파듯, 문젯거리를 들고 있는 사람이 해결책을 찾고자 발을 동동 구르는 것이 상식적인 모습이다. 목마른 사슴이 시냇가를 찾듯이 말이다. 하지만 바울은 우두커니 앉아 아나니아를 기다렸고 아나니아를 만났다. 사실은 바로 이것이 주님의 명령이었고 주님의 뜻이었다. 이는 마치 우리가 소경처럼 우두커니 앉아 있는데, 주님이 친히 십자가를 지고 찾아오셔서 죄 사함과 회복과 영생을 선물해 주시는 것과 비슷한 모습이다.

또한 바울은 한 마디도 대꾸하지 않는다. 아나니아가 '사울아, 형제여'라고 그를 불렀을 때, 바울은 '아닙니다. 제가 무슨 형제입니까? 저는 죽일 놈입니다'라고 가슴 아파하며 사과하지 않았다. '이렇게 찾아오시느라 수고하셨습니다'라거나, 하다못해 '날씨가 좀 어떤가요?'라는 간단한 인사말도 건네지 않았다. 바울은 멀어버린 눈만 아니라 입도 손도 발도 모두 다 폐쇄한 채 아나니아가 그에게 들려주던 '사울아', '형제여'라는 두 단어를 묵묵히 들었다. 아나니아는 지독하게 마주하기 싫은 '벽'과 같은 현실을 감내하고 있었는지도 모른다.

이처럼 아나니아와 바울의 만남은 온전히 아나니아의 순종을 통해 만들어졌다. 바울은 아무것도 하지 않았다. 성경 기록도 모두 아나니아의 행동에 초점을 맞추고 있다. 아나니아가 자기 집을 떠났고, 아나니아가 길을 걸었으며, 아나니아가 대문을 열었고, 아나니아가 그 집에 들어갔다. 아나니아가 바울을 쳐다보았고, 아나니아가 입을 열어 '사울아'라고 이름을 불러 주었으며, 아나니아가 그를 향해 '형제여'라고 말했다. 사실 예수님은 아나니아에게 바울의 눈을 뜨게 해주라고 명령하셨을 뿐, 그의 이름을 불러 주라고도, '형제'라고 불러 주라고도 말씀하지 않으셨다. 아나니아는 순종하되 넘치도록 순종했다. 그리고 이 넘치는 순종이 지금 이 장면을 만들어 냈다.

세상적으로 본다면 얼굴을 마주 대할 필요가 없는 사람들이 예수 그리스도 안에서 만나 '교제'라는 것을 한다. 원수였던 두 사람이 예수 그리스도로 인해 십자가 안에서 만나고 있다. 살기등등하게 아나니아를 죽이려던 자는 은혜가 필요한 자가 되었고, 순교의 핍박을 당하던 자는 원수에게 은혜를 베풀어야 하는 사람이 되었다. 예수님을 만나 바울은 눈이 감긴 자가 되었고, 바로 그 주님을 만나 아나니아는 원수의 눈을 뜨게 해주어야 하는 자가 되었다. 주님이 이들 각자를 만나주셨기에, 이들 역시 서로를 만나고 교제해야 하는 자들이 되었다.

이 만남을 이루기까지 아나니아는 자신을 핍박하고 박해하는 사람, 삶의 터전을 산산조각 나게 만들어 자신을 피난민이 되게 만든 사람, 몸과 마음에 깊은 상처를 주고 영혼을 피폐하게 만든 사람, 그래서 이름도 입에 올리고 싶지 않은 사람을 찾아갔다. 예수님이 그 사람을 용서하셨기에, 예수님이 그 사람을 사랑하시기에, 예수님이 그 사람을 사용하려 하시기에, 아나니아가 그 사람 사도 바울을 찾아갔다.

바로 이 모습이 바로 자기 부인의 모습이고 자기 십자가를 감당하는 모습이다. 당신은 아나니아 같은 성도가 당신을 찾아와 '형제 아무개여'라고 이름을 불러 주는 소리를 들어본 적이 있는가? 또는 아나니아처럼 누군가를 찾아가 '형제 아무개여'라고 이름을 불러 준 적이 있는가? 우리는 지금 그런 순종을 하고 있는가?

나를 보내어 너로 다시 보게 하시고

17 그에게 안수하여 이르되 형제 사울아 주 곧 네가
오는 길에서 나타나셨던 예수께서 **나를 보내어 너로
다시 보게 하시고** 성령으로 충만하게 하신다 하니
18 즉시 사울의 **눈에서 비늘 같은 것이 벗어져 다시
보게** 된지라 일어나 세례를 받고 (행 9:17-18)

자, 그럼 아나니아가 '그 집'에 들어가서 원수를 형제라 부른 뒤
가장 먼저 어떤 행동을 했는지 살펴보자. 아나니아는 '그 집'에
들어간 뒤 여타 군더더기 행동을 하지 않는다. 감정을 쏟아내
는 한풀이도 하지 않는다. '당신 때문에 얼마나 많은 사람이 고
통 당해 왔는 줄 아느냐'며 한바탕 책망과 원망, 훈계를 늘어놓
을 법도 한데, 그러지 않았다. 아나니아는 바울이 머무르고 있던
'유다의 집'에 들어가서 곧장 바울에게 안수해 주었다. 아나니
아는 어떤 모습으로 바울에게 안수해 주었을까? 식음을 전폐한
바울이 침대에 누워 있을 때, 아나니아가 곁으로 다가가 이마에

손을 얹고 안수해 주었을까? 아니면 아나니아가 들어와 인사말을 건네는 것을 들은 뒤, 바울이 자리를 정돈하고 조용히 무릎 꿇고 앉아 먼저 준비를 했을까? 사실 아나니아가 바울의 머리에 안수했는지 아니면 감긴 눈에 손을 댔는지도 알 길이 없다. 성경은 이런 모든 세세한 장면들을 생략했기 때문이다. 다만 조금 뒤 아나니아가 바울에게 '일어나라'고 말하는 것으로 보아, 아마도 바울은 누워 있거나 앉아 있는 상태에서 안수를 받은 것으로 보인다.

아나니아 입장에서 보면 굳이 안수까지 해야 하는가 불만이 생길 수도 있다. 기왕이면 얼굴에 침을 퉤 뱉으면서 고쳐 주거나, 아니면, 농담 비슷하게 하는 말이지만, 무식하게 안찰해(두들겨 패) 주면서 고쳐 주어도 되지 않겠는가? 손바닥으로 바울의 두 눈두덩이라도 툭툭 쳐가면서 고치면 안 되는가? 하지만 아나니아는 바울에게 안수한다. 자신의 손을 그의 아픈 몸에 갖다 대며 그를 위해 안수한다. 그리고 선포했다.

> 주 곧 네가 오는 길에서 나타나셨던 예수께서
> 나를 보내어 너로 다시 보게 하시고 (행 9:17)

아나니아가 안수하고 선포하자 즉각 바울의 눈에서 비늘 같은 것이 떨어지며 다시 보게 되었다. 아나니아의 선포 그대로 성취된 것이다. 바울의 몸에 기적이 일어났다. 예수님이 아나니아를 찾아가서 부탁하고 명령하신 일이 바로 이 일이었다. 바울이 다시 볼 수 있게 그의 육체를, 그의 눈을 회복시키는 일이었다. 그리고 아나니아를 통해 이 일이 주님 뜻대로 일어났고 성취되었다.

아나니아는 바울의 상한 몸을 고쳐 주었다. 그냥 '사울아, 형제여'라고 듣기 좋은 몇 마디 말로 그의 마음을 위로해 주고 끝낸 것이 아니라, 바울의 절실한 육체적 고통을 치료해 주고 고쳐 주었다. 그래서 바울은 성도의 교제와 따뜻한 인사말, 따뜻한 감촉, 감격적인 기적과 회복을 누렸다. 물론 이 모든 과정도 아나니아의 주도로 이루어졌다. 바울은 고쳐 달라거나, 내가 무엇이 필요하다거나 부탁하는 말을 하지 않았다. '예수님이 당신에게 나를 고쳐 주라고 하지 않던가요?'라고 채근하거나 물어보지도 않았다. 바울은 묵묵히 있었을 따름이다. 그리고 아나니아가 아무 말 없는 바울에게 다가가 그에게 가장 필요한 것을 채워 주었다.

아나니아의 행동에는 눈에 띄는 특징 몇 가지가 있다. 가장 두드러진 특징은 아나니아가 행한 것이 기적이라는 점이다. 아나니아는 자신이 줄 수 있는 무언가를 준 것이 아니다. 바울에게 몇 끼 식사라도 해결하라고 자기 주머니에서 돈을 꺼내준 것도 아니고, 그렇다고 유명한 안과 의사로서 바울의 눈을 수술해 주지도 않았다. 바울이 처한 현실은 일반적인 방법으로는 해결할 수 없는 상황이었다. '도와주고 싶지만 별다른 방법이 없군

요.' 이렇게 말하며 포옹이나 한 번 해주고 뒤돌아서도 아무도 뭐라 할 수 없었을 것이다. 그러나 아나니아는 '기적'을 통해서 바울의 눈을 치유해 주었다. 아나니아는 자기가 주고 싶은 것을 바울에게 베풀어 준 것이 아니라, 예수님이 바울에게 주시려는 선물을 배달하는 은혜의 통로 역할을 하였다.

만약 예수님이 아나니아가 갖고 있던 무언가를 나누어 주길 바라셨다면, 그냥 방세를 내줘라, 음식을 사다 줘라, 빨래를 해줘라, 너희 집을 거처로 제공해 줘라, 자동차를 빌려줘라 등등 다른 명령을 하셨을 것이다. 하지만 처음부터 주님은 아나니아가 자기 힘으로는 할 수 없는 일, 아무리 노력해도 줄 수 없는 것을 주는 자가 되라고 명령하셨다. 예수님이 주시는 회복을 '네가' 전해 주라고 부탁하신 것이다. 아나니아는 기적을 행하는 자가 아니라 '전달하는 사람'으로 바울 앞에 섰다.

더군다나 맹인이 눈을 뜨는 것은 기적 중의 기적이다. 나는 이 기적을 '메시아적 기적'이라고 부른다. 구약성경에 다른 기적들은 많이 언급되지만 맹인이 눈을 뜨게 하는 기적은 기록이 없다. 이 기적은 메시아이신 예수님께서 이 땅에 오셔서 행하실 기적으로 고이 남겨진 것이다. 사도행전을 기록한 누가는 누가복음에서 예수님이 스스로 메시아이심을 밝히는 장면을 여러 차례 적었다. 한번은 주님이 회당에서 이사야서를 읽으시며, "눈먼 자에게 다시 보게 함을 전파하며"라는 내용이 오늘 응했다고 선포하셨다(눅 4:18). 사실 이사야 본문에는 이 내용이 들어 있지 않다. 주님이 이렇게 읽으셨다는 것은 그만큼 눈먼 자에게 다시 보게 하는 것을 중시하셨다는 뜻이다. 또, 제자 둘을 보내며 오실 그이가 당신이시냐고 묻는 세례요한의 질문에 예수님은 "맹인이 보며"라고 메시아로서 자신이 하신 행적을 설명하셨다 (눅 7:22).

그런데 지금 아나니아는 바로 그 기적을 바울에게 행하고 있다. 예수님이 메시아이심을 보여 주는 '메시아적 기적', 맹인이 눈을 뜨게 되는 기적을 원수 바울에게 베풀고 있다. 다른 분이 아니라 바로 예수님이 행하셨음을 알 수 있는 그런 기적을 아나니아가 바울에게 퍼 나르고 있다.

실제로 아나니아는 바울에게 안수하면서, 바울이 감긴 눈을 다시 보게 해주면서 '예수께서' 나를 보내셨으며, 바로 그 주님이 너로 다시 보게 하신다고 선포했다. '내가 네 눈을 뜨게 해주마'라고 말한 것이 아니라, '네가 오는 길에 네게 나타나셨던 바로 그분께서' 네 눈을 뜨게 해준다고 매우 정확하게 선포했다. 바울이 눈을 뜨면서 새롭게 된 눈으로 처음 본 사람은 아나니아 였지만, 아나니아는 바울이 오감으로 느끼는 기적의 현장에서, 자신이 아닌 '예수께서' 행하셨다고 분명하게 선포했다.

이 선포는 형식적인 선포가 아니다. 아나니아가 온 심령을 다해 신앙을 고백한 내용이다. 이 기적은 아나니아의 소원이나 계획, 아나니아의 능력으로 이루어진 것이 아니다. 만약 주님이 아나니아에게 '너는 어떻게 하길 원하느냐?'라고 그의 의견을 물으셨다면, 아나니아는 바울을 찾아가 눈을 고쳐 주겠다고 대답하지 않았을 수도 있다. 자신도 경험하지 못했을 기적을 핍박자에게 베풀 이유가 무엇인가? 그러므로 아나니아의 선포는 객관적인 서술이다. 아나니아가 바울을 찾아가 행한 모든 일들은 모두 다 '예수께서' 계획하고 행하시려던 일이다. 단지 이 모든 일이 아나니아에게 명령되었고 아나니아가 실천했을 뿐이다.

주님의 심판, 아나니아의 용서

17 그에게 안수하여 이르되 형제 사울아 주 곧 **네가**
오는 길에서 나타나셨던 예수께서 나를 보내어 너로
다시 보게 하시고 성령으로 충만하게 하신다 하니
18 즉시 사울의 눈에서 비늘 같은 것이 벗어져 **다시**
보게 된지라 (행 9:17-18)

사도 바울에게는 이 일이 그가 경험한 최초의 기적이었을 것이
다. 하지만 과연 이 사건이 '기적'이기 때문에 중요한 것일까? 아
나니아가 바울의 눈을 뜨게 한 기적에서 놓쳐서는 안 되는 부분
이 있다. 바울의 입장과 아나니아의 입장이 되어서 이 사건을 다
시 생각해 보자.

바울은 다메섹 도상에서 예수님을 만나면서 눈 먼 사람
이 되었다. 그렇다면 바울은 맹인이 되었을 때, 어떤 생각을 했
을까? 나는 개인적으로 바울이 '내가 죄를 많이 지어서 지금 심
판을 받는구나'라고 생각했으리라 본다. 물론 모든 질병과 고통

이 특정 죄악 때문에 생겨나는 것은 아니며, 하나님께서는 누가 죄악을 저지를 때마다 질병과 고통을 즉결처분처럼 퍼부어 대시는 분이 아니다. 하지만 바울은 의로운 욥이 아니다. 그는 방금 전에 스데반을 돌로 쳐 죽이는 데 앞장섰고, 여러 성도들을 붙잡아 감옥에 쓸어 넣었으며, 다른 성도들을 잡고자 팔뚝에 힘을 준 채 아나니아가 살던 다메섹으로 향하던 사람이다. '네가 나를 핍박한다'는 주님 음성을 들은 뒤 눈이 멀어 맹인이 된 마당에, 과연 바울은 자신의 고통이 죄악과 무관하다고 발뺌할 수 있을까? 또한 고통을 주시는 주님의 목적이 무엇이든, 자신을 주님 앞에 세우고 자신의 허물과 죄악이 무엇인지 스스로를 겸손하게 꼼꼼히 되돌아보는 것은 피조물인 인간이 자연스럽게 가져야 하는 태도이기도 하다.

그렇기에 아나니아가 바울의 눈을 뜨게 해주는 일은 정말로 가슴이 시려 오는 행동이다. 아나니아와 형제들은 죄 없는 피해자들이고 바울은 죄짓다 심판받은 자에 불과하다. 그런데 지금 피해자인 아나니아가 찾아왔다. 그리고 예수님이 바울에게 얹어 두신 심판과 형벌을 피해자 아나니아가 두 손으로 직접 치워 주고 있다. 이렇게 보면, 예수님이 아나니아에게 바울의 눈을 뜨게 해주라고 말씀하신 것을 조금 다르게 읽을 수 있다. 이게 어떤 사건인지, 이 기적의 알맹이를 좀 더 분명하게 볼 수 있다. '아나니아야, 나는 바울의 죄악에 대해 심판을 내렸다. 그의 눈을 감겨 버렸다. 그는 벌을 받아 마땅하게 살아왔고, 그가 너와 네 형제들에게 한 일들에 대해 나는 응분의 조치를 내렸단다. 그런데… 네가 용서해 줄 수는 없겠니? 내게 형벌 받은 바울을, 너를 못살게 굴던 바울을, 네가 용서해 줄 수는 없겠니? 네가 그 눈을 뜨게 해주어서 바울이 형제들로부터 용서받았음을 알게 해줄 수는 없겠니?'

아나니아가 아니라 예수님이 바울을 용서하셔도 된다. 스데반의 순교, 교회와 성도들을 향한 핍박에 대해, 주님이 친히 '내가 네 죄를 사하노라' 이렇게 말씀하시며 바울을 안심시키셔도 된다. 그런데 예수님은 그렇게 하지 않으셨다. 주님은 심판만 행하셨다. 바울의 악한 삶을 보시고 그의 눈이 멀어 버리는 형벌만 내리셨다. 그리고 '용서'를 아나니아와 교회의 손에 맡겨 두셨고, 눈을 다시 뜨는 '기적' 역시 아나니아의 손에 맡기셨다. 아나니아가 용서해야 바울이 용서받는다. 아나니아가 기적을 전달해 주어야 바울이 다시 눈을 뜰 수 있다. 아나니아가 용서하지 않고, 기적을 전해 주지 않으면, 아무리 주님이 그걸 원하셔도 바울은 누릴 수 없다. 바울은 주님이 눈을 뜨게 해주시는 기적을 경험한 것이 아니라, 주님이 닫아 버리신 눈을 아나니아가 열어 주는 기적을 경험했다. 내가 죽이려 했고 내가 핍박했고 내가 괴롭혔던 피해자 아나니아가 찾아와 내가 받은 형벌을 치워 주는 기적을 경험했다.

아나니아가 바울에게 눈을 뜨게 해준 기적은 바로 이런 참 의미를 지닌다. 이 일은 억울하게 피해자로 살아왔던 교회와 아나니아와 성도들이, 핍박자였던 바울을 용서하고 그에게 새 삶의 기회를 열어 주는 사건이다. 주님은 심판하시고, 용서와 치유는 피해자였던 아나니아의 손에 맡기시는 사건이다. '나는 네가 용서하기를 원한다. 나는 내가 바울에게 짊어지게 한 형벌을 네가 직접 덜어내 주기를 원한다.' 그리고 아나니아는 원수가 이전과 다른 모습으로 살아갈 수 있도록 육체적으로, 정서적으로, 영적으로 새로운 길을 열어 준다.

아나니아가 바울에게 행한 일들, 아나니아가 주님께 순종한 모습은, 마치 주님이 주님을 배신한 제자들을 구원하시고자 친히 십자가를 감당해 주신 모습과 똑같이 닮아 있다. 아나니아의 모습은 주님의 모습이다. 그래서 아나니아의 순종은 우리들에게 무거운 질문을 던진다. '너도 나와 같이 순종할 수 있느냐? 주님이 네 손에 용서를 쥐어 주시면서 네가 가서 용서하고, 네가 가서 그 사람이 당하고 있는 형벌을 면제해 주라고 부탁하시는 그 일에… 너도 순종할 수 있느냐?'

장면 11

바울을 새사람으로

17 아나니아가 떠나 그 집에 들어가서 그에게 안수하여
이르되 형제 사울아 주 곧 네가 오는 길에서 나타나셨던
예수께서 나를 보내어 너로 다시 보게 하시고
성령으로 충만하게 하신다 하니 (행 9:17)

아나니아는 '그 집'에 찾아 들어가 바울에게 안수하면서 예수님
께서 너로 다시 보게 하신다고 선포했다. 그런데 아나니아는 다
른 한 가지를 더 선포한다. 예수님께서 바울을 '성령으로 충만'
하게 하신다는 선포이다. 아나니아는 바울의 육체에 기적적인
회복이 나타나게 해주었을 뿐만 아니라, 바울의 영혼에 '성령충
만'이 임한다고 선포한다. 육체와 영혼 모두 이전과 다른 새사람
이 되도록 선포한 것이다.

　　육체적인 측면에서 보면 바울은 원래 맹인이 아니었기에
그가 눈을 뜨게 한 것은 원상회복을 선물한 것이었다. 사람의
힘으로는 불가능한 엄청난 기적이지만 과거보다 더 나아진 것이

없다는 점에서, 단순히 멀쩡했던 과거로 돌아간 것이라 생각할 수도 있다.

하지만 '성령충만'은 전혀 다른 차원의 일이다. 바울은 성령님의 시옷 자조차 알지 못했던 사람이다. 그런 바울에게 아나니아는 지금 성령님을 소개하는 정도가 아니라, 완전히 성령님 안에 푹 잠기는 '성령충만'을 선포한다. 성령충만은 본질적인 측면에서나, 바울의 삶이 변화하는 수준과 정도에 있어서 육체의 치유 기적과는 비교할 수 없는 은혜이다. 성령충만은 마치 다메섹 도상에서 예수님을 만난 것과 같이 바울이 여태껏 경험해 보지 못했고 상상도 할 수 없는, '새로운 피조물, 새로운 삶, 새로운 세계'를 열어 주는 은혜이다.

아나니아가 안수하며 선포한 '성령충만'에는 몇 가지 중요한 특징이 있다.

첫째로, '성령충만'은 '기적'과 마찬가지로 오직 예수님께서 주시는 은혜이다. 아나니아를 비롯한 모든 인간은 자기 권능이나 신분을 이용하여 누군가에게 성령충만을 주거나 뺏을 능력이 없다. 사도든 목사든, 집을 팔아 헌금을 했든 40일 금식기도를 했든 마찬가지다. 사람은 피조물이고 성령님은 하나님이시다. '성령충만'은 오직 예수님만이 주시는 비교할 수 없는 은혜이다. 아나니아는 기적, 성령충만 등 주님께 속한 은혜를 전달하는 통로 역할만 했을 뿐이다. 아무리 잘나고 대단한 사람이라 하더라도, 한 사람이 다른 사람에게 새로운 존재, 새로운 삶을 선물해 줄 수는 없는 일이다.

이러한 하나님의 주권은 복이나 회개를 허락하실 때에도 그대로 적용된다. 사람은 다른 사람에게 '복'을 주거나 빼앗을 수 없다. 사람이 할 수 있는 일은 그저 주님이 복을 내려 달라고 기원하거나 하나님의 은혜를 선포하는 일이다. 교단마다 예배 마지막 순서로 축도할 때 '있을지어다'로 해야 하느냐, '있기를 축원합니다'라고 해야 하느냐를 놓고 갑론을박이 벌어지기도 하지만, 축도 마지막 문구가 무엇이건 간에 본질적으로 축도하는 내용에는 대부분 고린도후서 13장 13절 "주 예수 그리스도의 은혜와 하나님의 사랑과 성령의 교통하심이 너희 무리와 함께…"를 동일하게 사용한다. 그렇다면 이 축도를 선포받는 성도들은 목회자가 축도를 해주지 않으면 '예수 그리스도의 은혜'를 못 받는가? '하나님의 사랑'을 못 받는가? '성령님의 교통하심'은 축도를 받아야만 누릴 수 있는가? 그렇지 않다. 축도를 받지 않아도 예수님을 믿으면 모두 영생과 천국을 누릴 수 있듯이, 축도를 받지 않아도 모든 성도들은 이 세 가지 은혜를 이미 다 받아 누리고 있다.

이 점은 '회개'에서도 마찬가지다. 회개 그 자체가 죄를 용서하는 것이 아니다. 죄는 오직 예수님께서 용서해 주신다. 우리가 '회개'하면 주님이 그 '회개'를 받으시고 죄를 용서해 주신다. 이건 제사나 세례에서도 그렇다. 유대인들 모두가 다 잘 알고 고백했듯이 '오직 하나님 한 분 외에' 누가 죄를 용서할 수 있단 말인가?

사람이 할 수 있는 일은 축복하는 것, 회개하는 것, 안수하며 주님 은혜를 선포하는 것까지이다. 그 이상은 우리 능력에 속한 일이 아니다. 따라서 아나니아가 바울을 향해 안수하며 선포한 것은 그가 바울에게 해줄 수 있는 최대치를 해준 것이다. 그 이후의 일들은 주님의 몫이기 때문이다.

사람이 할 수 있는 최대치는 '믿음'을 갖는 것이다. 하나님께서는 그 믿음을 보시고 '은혜'를 베푸시며 '구원'을 허락하신다. 사람은 절대로 은혜를 만들어낼 수 없다. 바로 이 점이 '은혜'가 '믿음'보다 더 크고 중요한 이유이다.

둘째로, '성령충만'은 예수님께서 주신 선물 중 가장 크고 놀라운 선물이다. 성령충만은 시기적으로도 최종적인 은혜이며, 내용과 본질에 있어서 최종적이고 완성적인 은혜이다.

시기적으로 볼 때 성령충만은 주님이 십자가 고난과 부활 이후 승천하셔서 하나님 보좌 우편에 영광스럽게 앉아 계시면서 이 땅의 교회와 성도들에게 쏟아부어 주신 은혜이다. 즉, 성령충만은 주님의 공생애 사역이 모두 끝난 후에 주어진 선물이며 성령충만보다 더 나중에 주어진 은혜는 없다. 요한복음 방식으로 설명하자면, '율법은 모세를 통하여', '은혜와 진리는 예수 그리스도'를 통하여, '성령충만은 부활하고 승천하신 주님을 통하여' 받는 것이다. 실제로 예수님은 공생애 동안 온갖 기적을 행하셨고 심지어 죽은 자를 살려 내 주셨지만 성령충만을 베풀어 주지는 않으셨다. 사도들 역시 주님과 함께 호흡하고 함께 밥 먹고 잠자는 동안에도 성령충만을 받지 못했었다. 이처럼 성령충만은 모든 기적이 다 행해지고, 모든 말씀이 다 선포되고, 최종적인 완성을 위해 주어진 은혜이다.

그리고 성령충만은 주님 사역이 이 땅에서 교회라는 최종적인 열매를 맺게 한다는 점에서 가장 완성적인 은혜이다. 교회는 예수님의 공생애 사역, 십자가 고난, 부활, 승천을 모두 거친 뒤 나타난 열매이다. 예수님께서는 성령충만이라는 초석을 통해 이 땅 위에 교회를 시작하셨다. 예루살렘 교회가 어떻게 세워졌는지 기억해 보자. 주님은 승천하시면서 예루살렘을 떠나지 말고 아버지께서 약속하신 것을 기다리라고 명령하셨다. 그리고 "너희는 몇 날이 못되어 성령으로 세례 받으리라"(행 1:5)고 약속하셨다. 사도들과 성도들은 주님 승천 이후 다락방에 함께 모여 간절히 기도했고, 주님께선 약속하신 대로 그들에게 불같은 성령을 내려주심으로써 예루살렘 교회가 세워지게 하셨다. 방식만 조금씩 다를 뿐 모든 교회들은 성령충만의 토대 위에서 세워졌다. 그래서 이후 교회에선 집사를 선출할 때 "성령과 지혜가 충만"한 사람들 중에서 일곱 명을 선출했다(행 6:3).

성령님께서는 교회를 세우실 뿐만 아니라, 사도들과 성도들에게 예수 그리스도께서 공생애 동안 선포하셨던 말씀을 다시 생각나게 해주시고 그 의미가 무엇인지 명쾌하게 깨닫도록 인도하신다. 성령님께서는 사도들과 여러 집필자들을 사용하셔서 기록된 성경 말씀을 주시고, 여러 은사들을 공급하시고, 풍성한 성령의 열매들이 맺히게끔 인도해 주신다. 성령충만으로 세우신 교회를 말씀 충만, 은사 충만, 열매 충만으로 더욱 온전하게 인도하신다. 한마디로 성령충만은 교회에게 베풀어진 최고봉 선물이다.

아나니아는 예수님이 주시는 여러 선물들 중 아무거나 집어서 준 것이 아니라, 더 이상 좋을 것이 없는 극상품의 은혜를 전달해 주었다. 아나니아는 바울이 교회를 슬슬 다니면서 간신히 지옥 심판이나 면하게 해달라고 한 것이 아니었다. 바울에게 교회를 시작하게 한 은혜, 교회가 소유하고 있는 최상의 은혜를 선포하며 전달한 것이다. 지금 아나니아가 안수하며 선포하고 있는 성령충만은 예루살렘 다락방에서 120명의 성도들이 처음으로 받았던 성령충만과 동일하며, 일곱 집사들에게 충만했던 성령님과도 동일한 성령님의 일하심이다. 그렇기에 아나니아가 성령충만을 바울에게 선포한 것은, 바울이 '교회를 세우는' 일을 감당할 수 있는 귀한 직분자가 되도록 선포하는 것이기도 했다. 바울이 땅끝까지 이르러 주의 교회를 세우는 일을 감당하는 힘과 능력이 아나니아를 통해 지금 바울에게 처음 공급되기 시작했다.

아나니아는 어떤 마음을 갖고 있었기에 교회가 소유하던 가장 탁월하고 풍성한 선물, 그것도 자신이 받은 것 중 가장 귀한 은혜를 바울에게 줄 수 있었을까? 교회를 짓밟고 성도들을 핍박했던 사람과, 복음 때문에 살던 곳을 떠나고 도망 다니고 매를 맞고 감옥에 들어갔던 사람이 아무 차별 없이 똑같은 은혜를 받는다면 그게 과연 공평하고 정의로운 일인가? 고등학교 3년 동안 하루에 5시간만 잠을 자고 죽도록 공부 열심히 했던 학생이, 3년 동안 공부 한 줄 하지 않고 펑펑 놀기만 했던 학생과 수능에서 똑같은 성적을 받는다면 억울하지 않았을까? 열심히 공부한 학생이 매일 놀았던 학생에게 '너도 나와 똑같은 성적을 받았으면 좋겠어' 이렇게 진심으로 축복할 수 있을까? 예수님의 비유 중, 아침에 나와 일했던 품꾼이 오후 5시부터 나와 일한 품꾼과 똑같은 삯을 받은 것에 대해 불만 가득한 이의를 제기한 것은 어찌 보면 지극히 당연한 일일 것이다.

그러나 지금 아나니아는 선포하고 있다. 죄인의 괴수를 향해 '네가 나와 똑같은 은혜를 받을 것이다. 내가 받은 은혜 중 가장 크고 놀랍고 풍성한 은혜가 바로 네게도 동일하게 임할 것이다. 나는 그것을 간절히 원한다'라고 선포하고 있다. 아나니아는 예수님의 기적을 바울에게 전해 바울의 육체에 가해진 무거운 형벌을 자신의 손으로 직접 벗겨 내 주는 데 멈추지 않고 한 걸음 더 나아갔다. 그는 가장 아름다운 구원의 선물을 심판받은 죄인 바울의 손에 쥐어 준다.

그런데 놀랍게도 아나니아가 바울에게 성령충만을 선포한 것은 그가 자발적으로 결정하고 선택한 행동이었다. 이건 예수님의 명령 때문에 억지로 행동한 것이 결코 아니었다. 아나니아에게는 바울에게 안수해 주면서 이렇게 성령충만을 선포해 줄 아무런 의무가 없었다. 말하자면 용서하지 않는 마음을 품은 채 멀찌감치 서서 형식적으로 안수하고 바울의 눈만 뜨게 해주어도 그만이었다. 그러나 아나니아는 굳이 하지 않아도 되는 '넘치는 사랑'을 바울에게 베풀었다. 예수님께서 병을 고쳐 달라고 손을 내밀던 자들을 향해 '눈앞의 필요'를 채워 주실 뿐만 아니라, 그들이 원하지도 않았던 복음과 구원의 선물도 아낌없이 베풀어 주셨던 모습과 너무나 흡사하다.

당신은 원수였던 사람에게 가장 귀한 것을 부어 주고, 그의 영과 육이 모두 온전해지도록 간절히 축복한 적이 있는가? 당신은 죄인과 당신이 동일하게 취급되는 것을 견딜 뿐만 아니라 도리어 그것을 간절히 원하는 삶을 살고 있는가? 아니면 그런 축복을 다른 성도로부터 받아 본 적이 있는가?

마지막으로 이 장면의 특징 한 가지를 더 살펴보자. 당시까지는 누군가에게 안수해서 성령충만을 선포하는 것은 오직 사도들만 행하던 일인데, 그 일을 아나니아가 했다는 점이다. 사도행전 8장에는 주님의 지상명령 중 두 번째 지역인 사마리아에 교회가 세워지는 이야기가 등장한다. 사마리아 교회는 오늘날 우리가 '평신도'라고 부르는 빌립이 세웠다. 빌립은 예루살렘 교회에서 안수집사로 세움 받은 사람이었다. 빌립은 스데반의 순교 이후 일어난 박해 때 사마리아에 내려가, 사도들이 예루살렘 교회를 세울 때 행한 것과 동일하게 복음을 전파하며 수많은 병자들을 고치고 세례를 베풀었다. 그런 빌립이 하지 않은 일이 하나 있었으니, 그것은 바로 성령충만을 받게 기도해 주는 일이었다. 빌립은 물로 세례를 베풀 뿐, 나머지 일은 사도였던 베드로와 요한에게 맡겼다. 예루살렘에서 찾아온 두 사도가 사람들에게 손을 얹자 성령이 그들에게 임했다(행 8:17).

그런데 지금 아나니아는 사도들만이 했던 행동을 하고 있다. 아나니아는 다른 사도를 초청하지도 않았고, 바울더러 성령 충만은 나중에 다른 사도에게 받으라고 남겨 놓지도 않았다. 아무 직분이 없는 일반 성도였던 아나니아는 '사도'인 바울에게 직접 안수해 주면서 '성령충만'을 선포하며 축복했다. 이 장면은 예루살렘 교회나 사마리아 교회가 세워지는 과정 속에서는 벌어진 적 없는 상황이었다.

평신도가 사도에게 세례를 주다

18 즉시 사울의 눈에서 비늘 같은 것이 벗어져
다시 보게 된지라 일어나 **세례를 받고** (행 9:18)

사도 바울은 이제 더 이상 맹인이 아니다. 아나니아를 통해 주
님 기적을 체험했고 다시 눈을 떴기 때문이다. 사도 바울은 이
제 더 이상 옛사람도 아니다. 아나니아를 통해 주님이 베푸시는
성령충만을 받았기 때문이다. 이처럼 새로운 피조물로 거듭난
바울은 자리에서 '일어났고' 아나니아에게 '세례를 받았다'.

  '세례'란 어떤 의미인가. 어떤 성도들은 세례 요한이 세례
를 통해 죄 사함을 선포한 것처럼, 우리도 물세례를 통해 죄 사
함 받는다고 생각한다. 이것은 오해이다. 우리는 세례 요한의 세
례가 아니라 예수님께서 명령하신 세례를 받는다. 주님은 "아
버지와 아들과 성령의 이름으로" 세례 받으라고 명령하셨다(마
28:19). 세례 요한은 이런 식으로 세례를 주지 않았다. 겉모습은

비슷해 보여도 이 둘은 완전히 다르다.

무엇보다도 우리는 세례가 아니라 오직 예수 그리스도의 십자가 보혈을 통해서만 죄 사함 받는다. 주님의 십자가 보혈은 그 한 가지만으로 우리 모든 죄를 용서하기에 충분하고 완전하기 때문에, 죄 사함 받기 위해 세례나 헌금이나 충성과 같은 다른 무엇을 보충할 필요가 없다. 우리는 세례가 아니라 오직 믿음으로 죄 사함 받고 구원받는다. 믿음만으로는 불충분하기에 반드시 세례까지 받아야 구원받는 것이 결코 아니다. 세례를 구원의 필수조건으로 생각한다면 그건 대단히 큰 오해이다.

사도 바울은 로마서에서 우리가 주님과 연합함으로 구원을 누린다고 선포한다. 주님께서 십자가에 달려 죽으실 때 나의 옛사람도 함께 십자가에 못 박혔으며, 바로 이것이 '세례'라고 선포한다. 참된 세례는 우리 영혼을 십자가 보혈에 잠그는 것이다. 참된 세례는 성도가 그리스도와 연합하여 십자가에서 주님과 함께 죽고, 함께 장사되는 것이다(롬 6:3-11). 이런 참된 세례를 받는 자만이 성도가 되며, 구원받은 하나님 자녀가 된다.

이와 같이 예수님의 십자가 보혈을 믿는 자, 주님과 연합하는 자, 이런 참된 세례를 받은 자가, 그 증표로 물세례를 받는다. 물세례는 내가 주님과 연합했다는 공개적, 공식적 증표이다. 참된 의미의 세례를 받은 자, 그리스도와 연합한 자는, 물세례를 받지 않아도 구원받는 데 아무 지장이 없다. 이미 구원받은 성도가 그 증표로 나중에 물세례를 받기 때문이다.

세례는 이것 외에 한 가지 역할을 더 한다. 교회의 지체가 됨을 나타내는 것이다. 바울은 고린도전서에서, "유대인이나 헬라인이나 종이나 자유인이나 다 한 성령으로 세례를 받아 한 몸이 되었고 또 다 한 성령을 마시게 하셨느니라"라고 선언한다(고전 12:13). 바울은 아주 명확하게 '성령으로 세례를 받는다'고 선포한다. 그리고 이를 통해 성도들이 한 몸과 지체가 된다고 선포하며, 또한 동일한 성령님을 마신다고 선포한다. 이처럼, 성도들 자신이 교회가 되고 서로 지체가 되는 것은 오직 성령님을 통해 세례 받는 것으로 가능하다.

성령님을 통해 영혼이 거듭나고 새로운 피조물이 되는 것이 참된 세례이다. 이런 참된 세례를 받은 자가 그 증표로 물세례를 받는다. 그렇기에 물세례는 내가 성령님과 연합했으며, 교회가 되었고, 다른 성도들과 한 몸을 이루어 지체가 되었다는 공개적, 공식적 증표이다.

이처럼 죄 사함과 구원은 예수 그리스도와의 연합, 성령님을 통한 거듭남을 통해 받아 누린다. 이것이 본질이다. 그리고 이 은혜를 이미 누린 성도들이 그 이후에 물로 세례를 받는다. 다시 말하지만, 한 사람이 예수 그리스도의 십자가와 연합하였음을, 교회의 지체가 되고 한 몸이 되었음을 공개적으로 인정하고 고백하기 위해 물로 세례를 받는다.

바울은 아나니아에게 세례를 받았다. 이는 바울 자신이 주님과 하나가 되었음을 고백한다는 의미이고, 아나니아가 바울이 교회의 지체가 되었음을 인정하고 받아들였다는 의미이다.

'세례'가 무엇인지 살펴보았으니, 이제는 아나니아가 바울에게 구체적으로 어떤 모습으로 물세례를 집전했는지, 그 과정과 방식을 눈여겨보자. 아나니아가 집전한 세례방식에는 몇 가지 특징이 있다.

우선, 아나니아는 시간 끌지 않고, 지체하지 않고, '곧장' 세례를 주었다. 인간적으로 보자면, 천천히 시간을 두고 보면서 바울이 정말로 회심한 것이 맞는지 확인하고, 그가 변심해서 과거로 돌아가지 않고 신실한 성도의 증거를 삶 속에서 보여 주는지 점검도 하면서, 한 6개월이나 1년쯤 지난 뒤 사도나 다른 직분자가 세례 주는 것이 더 낫지 않을까 생각할 수도 있다. 하지만 아나니아는 바울에게 즉각 세례를 베푼다. 일정 기간이 지날 때까지는 널 믿을 수 없다며 뒤로 미루지 않았다. 십일조를 하고 봉사활동을 꾸준히 할 때까지는 믿을 수 없다고 미루지도 않았다. 다른 아무 조건 없이 그저 예수님 믿는 제자가 된 것이 확실했기에, 아나니아는 바울에게 곧장 세례를 주었다.

이처럼 즉각 세례 베푸는 모습은, 예루살렘에서 회심한 수천의 성도들에게도 마찬가지였고, 광야에서 회심한 에디오피아 내시도 마찬가지였다. 고넬료 역시 예수님을 믿음으로 받아들인 뒤, 곧장 세례를 받았다.

둘째로, 세례와 다른 은혜들의 관계도 눈여겨볼 필요가 있다. 아나니아는 바울에게 여러 다양한 은혜들을 먼저 베풀어 준 뒤, '마지막에' 세례를 베풀었다. 순서를 생각해 보자. 아나니아는 가장 먼저 세례를 받게 한 다음, 즉 바울이 교회의 공식적 일원이 된 이후에, 병도 고쳐주고 성령충만도 받게 하고 이런 저런 직분들도 받게 한 것이 아니다. 정반대였다. 아나니아는 형제라고 불러 주고, 육체의 질병을 고쳐주고, 성령충만을 받게 하고, 그 이후에 세례를 베풀었다. 심지어 바울은 이미 다메섹 도상에서 사도로 부름 받았으니, 순서만 놓고 보면 그는 아직 세례도 안 받은 채로 사도가 된 셈이다.

세례를 받아야만 신앙생활이 시작되는가? 아니다. 성도는 마땅히 주님 명령대로 세례 베풀고 세례 받아야 하지만, 세례는 죄를 용서받거나 구원받는 데 필수적인 요소가 아니다. 은혜 받기 위한 전제조건도 아니다. 세례는 신앙생활에서 다른 은혜들보다 특별하거나 우선적인 요소가 아니다. 물론 다른 은혜들을 받기 이전에 세례를 가장 먼저 받고 신앙생활을 시작할 수도 있다. 그래도 아무 문제가 없다. 하지만 세례가 은혜 받기 위한 전제조건이나 필수조건은 결코 아니다. 세례 역시 주님께서 베푸시는 수많은 은혜들 중 하나일 뿐이다.

마지막으로, 아나니아는 바울에게 아마도 침례 방식이 아니라 '세례 방식'으로 세례를 베푼 것 같다. 세례 요한은 물론이고 초대교회 당시엔 '침례'가 일반적인 방식이었다. 성경에서 세례라고 번역한 단어들은 본래 침례라고 번역하는 것이 더 적절하다. 그렇다면 아나니아는 바울에게 일반적 관례대로 '침례'를 베풀었을까?

확실하진 않지만, 아마도 그렇지 않은 듯하다. 왜냐하면 아나니아가 바울을 당시 관행대로 강가로 데리고 나간 것이 아니라 그냥 바울이 기거하던 '유다의 집'에서 세례를 주었기 때문이다. 그렇다고 당시 둘이 만났던 그 집에 침례탕이나 목욕시설이 구비되어 있던 것 같지도 않다. 따라서 아나니아는 '침례'가 아니라 오늘날 흔히 말하는 세례 방식으로 세례 베푼 것으로 보는 것이 타당할 듯하다. 이는 당시를 기준으로 볼 때 아주 드물고 독특한 모습이다. 하지만 침례가 아니라 세례를 베풀었다고 해서 바울이 받은 은혜가 감해지거나 이미 받은 구원이 제한되는 것은 아니다. 모든 죄 사함, 구원, 은혜들은 오직 예수 그리스도의 보혈의 공로를 통해서만 주어지기 때문이다. 주님의 보혈은 할례와 무할례, 침례와 세례, 그 무엇에도 구애받지 않는다.

믿음을 고백한 뒤 얼마나 기다렸다가 세례를 주느냐, 세례 집전자가 어떤 직분을 갖고 있느냐, 침례와 세례 중 어떤 형식으로 베풀 것이냐, 이런 것들은 사소한 문제에 불과하다. 본질적인 것은 오직 예수 그리스도의 보혈과 하나님의 은혜이다. 아나니아가 바울에게 세례를 집전한 방식은 이런 사실을 명확하게 보여준다.

그렇다면 바울은 어떤 태도와 모습으로 세례를 받았을까? 여기에도 중요한 특징이 있다. 바울은 스스로 결단하고 자발적으로 세례를 받았다.

지금까지 진행된 모든 과정은 '아나니아'가 행동의 중심이었다. 아나니아가 자기 집을 떠나고, 아나니아가 그 집에 들어가고, 아나니아가 안수하고, 아나니아가 바울의 눈을 뜨게 하고, 아나니아가 성령충만을 선포한다. 그동안 사도 바울이 주어로 등장한 적이 없었다. 그런데 세례 받는 이 장면에서는 '바울이 일어났고' '바울이 세례 받았다'고 기록되었다. '아나니아가 일으켜 세웠다'거나 '아나니아가 세례 주었다'고 기록하지 않는다. 철저하게 바울 중심으로 기록한다. 세례 받는 장면도 수동태를 사용해서 '바울이' 세례 받았다고 기록한다.

훗날 사도 바울은 자기 삶을 간증하면서, 자신이 눈을 뜬 뒤 아나니아가 "이제는 왜 주저하느냐 일어나 주의 이름을 불러 세례를 받고 너의 죄를 씻으라"(행 22:16)라고 말했다고 증언한다. 아나니아는 바울이 정신 못 차리고 있을 때 확 물을 끼얹으면서 억지로 세례 준 것이 아니다. 아나니아는 바울에게 선택권을 주었다. 이제는 눈도 다시 떴고 성령충만을 받게 되었으니, 너는 이제 어떻게 믿음을 고백할 것이냐고 앞으로 살아갈 모습을 선택하도록 권면한다.

아나니아는 네 가지를 권면한다. ① 주저하지 말고 ② 일어나 ③ 주의 이름을 부르라고 권면한다. 그리고 마지막으로는

④ 세례를 받으라고 권면한다. 바울은 이 권면들을 깊이 새겨듣고 그대로 순종한다. 그래서 그는 ① 교회공동체의 공식적 일원이 되는 것을 주저하지 않고 ② 자리에서 일어나 ③ (아마도) 주의 이름을 부르고서 ④ 아나니아에게 세례를 받았다. 이제는 믿음으로 살겠노라 순종하며 반응한 것이다.

이전까지 아나니아는 바울의 의사를 묻지 않고 그를 형제라고 불렀고, 고침 받기 원하는지 묻지 않고 눈을 뜨게 했다. 성령충만이 얼마나 좋은지 충분히 설명하고 양해를 구한 뒤에 성령충만을 선포하지도 않았다. 그러나 세례를 줄 때에는 아나니아가 권면을 먼저 했고, 바울은 이에 대해 믿음으로 순종하며 세례를 받았다.

이처럼 세례 받는 사람이 믿음으로 반응하여 자발적으로 세례 받기로 결단하는 모습은, 성경 속 다른 세례 장면들에서도 동일하게 나타난다. 집사 빌립이 에디오피아 내시에게 복음을 전하고 세례 베풀 때에도 빌립이 세례를 강권한 것이 아니었다. 빌립으로부터 이사야서 말씀에 대한 해석과 예수 그리스도에 대한 복음을 들은 에디오피아 내시는, 세례 받겠다는 말을 자신이 먼저 꺼냈다. "보라 물이 있으니 내가 세례를 받음에 무슨 거리낌이 있느냐"(행 8:36). 그리고 그는 직접 수레를 멈추라고 명령한 뒤, 빌립으로부터 세례를 받았다. 세례 받는 자가 스스로 예수님의 제자가 되겠다고 결심하고 나서, 세례를 받은 것이다.

너무 당연한 일이지만, 세례는 교회에 나온 사람들에게 무작위로 나눠 주는 기념수건이나 손톱깎이 같은 값싼 선물이 아니다. 예수님께서 하나님의 아들이심을 믿게 된 사람들이 내가 이제 주님 제자가 되겠노라고 믿음의 결단을 할 때, 나도 세례 받겠노라고 행동으로 믿음을 고백할 때 비로소 베풀어지는 귀한 선물이다.

그래서 세례를 받으면 그때부터 일방통행이 아닌 '상호관계'의 신앙생활로 들어서기 시작한다. 지금 사도 바울은 세례 받는 것을 통해, 주님을 향해 그리고 아나니아를 향해 상호관계 맺는 신앙생활을 시작하겠다고 공개적으로 고백하고 있는 것이다.

마지막으로 바울이 세례 받는 장면에서 우리 눈을 휘둥그레지게 만드는 특징을 살펴보자. '성도' 아나니아가 '사도' 바울에게 세례를 베풀었다는 점이 이 장면에서 가장 중요하고 독특한 특징이다. 이 모습은 오늘날 관행으로는 상상도 할 수 없는 장면이다.

여러분은 '언제' 세례 받았는지 정확한 날짜는 기억하지 못해도 '누구에게' 세례 받았는지는 기억할 것이다. 나는 1985년 어느 날, 지금은 돌아가신 임순근 목사님께 세례를 받았다. 아마 바울은 자신이 세례 받은 날짜도 정확하게 기억할 수 있을 것이다. 그리고 자신에게 세례를 준 사람이 아나니아라는 사실은 그보다 더 또렷하게 평생 기억할 것이다. 만약 세례확인서를 받아야 할 일이 생긴다면, 바울은 '아나니아'에게 가야 한다. 다메섹 교회로 가야 하는 셈이다.

그런데 아나니아는 아무 직분이 없는 일반 성도였다. 오늘날 흔히 평신도라고 부르는 평범한 성도였다. 성경은 아나니아에 대해 사도, 집사, 교사, 선지자 등 그 어떤 직분도 수식어로 붙이지 않는다. 사도 바울 역시 그를 아무 수식 없이 이름으로만 호칭했다. 바울은 사도행전 22장에서 자신의 회심사건을 간증할 때 아나니아에 대해서 상세하게 설명하며 그를 '아나니아'라는 이름으로만 언급한다. 그가 어떤 직분을 갖고 있었는지 전혀 언급하지 않는다. 아나니아는 성경에서 '제자' 아나니아(행 9:10)라고 불리거나 혹은 '경건한 사람' 아나니아(행 22:12) 등으로 불렸지, 사도나 혹은 기타 직분으로는 불린 적이 없다. 즉, 직분만 놓고 보면 그는 그저 평범한 일반 성도일 뿐인 그가 사도인 바울에게 세례를 베푼 것이다.

그렇다면 당시에는 장로, 감독등 여러 직분들이 아직 제대로 형성되지 않았기에 아나니아가 직분이 없었던 것일까? 그렇지도 않다. 사도 바울이 선교여행을 시작할 때, 즉 아직 장로나 감독과 같은 직분들이 제대로 세워지기 전에, 안디옥 교회에는 이미 '선지자, 교사' 같은 직분이 있었다(행 13:1). 또한 '사도'들도 있었다. 예루살렘 교회에는 바울이 본격적으로 사역하기 이전부터 장로들이 존재했다(행 11:30).

116

직분 이야기가 나온 김에 바울이 가졌던 '사도'라는 직분에 대해서 잠깐 언급하자면, 우리가 생각하는 것과는 달리 초대교회에는 예수님의 열두제자들 이외에도 사도라고 불리던 사람들이 있었다. 요한계시록 2장에 들어 있는 에베소 교회를 향한 편지에는, 자칭 '사도'라고 하지만 사실은 아닌 자들에 관한 내용이 나온다. 이는 초대교회 당시에 '사도'라는 직분이 있었음을 간접적으로 보여 준다. 또 다른 예는 로마서 마지막 장 문안 인사에 나오는 '안드로니고, 유니아'라는 이들이다(롬 16:7). 우리말 성경에서는 이들을 수식하는 표현이 '사도들에게 존중히 여겨지고'라고 번역되었지만, 헬라어 성경에는 '사도들 중에서 출중한 자들이고'라고 되어 있다. 즉, 이 두 사람 역시 사도였고, 특별히 다른 사도들로부터 존중히 여겨지던 사도들이었다는 뜻이다. '유니아'는 여성 이름이므로, 여자 사도가 있었다는 추정도 가능하다.

열두제자가 아니지만 분명 사도로 불린 가장 대표적인 인물은 바나바와 바울이다. 바나바는 예루살렘 교회 당시부터 사역했던 인물이고, 바울과 1차 선교여행을 함께 떠난 선교사이기도 하다. 성경은 바울과 바나바 두 사람을 일컬어 '두 사도들'이라고 표현한다. "회당의 모임이 끝난 후에 유대인과 유대교에 입교한 경건한 사람들이 많이 바울과 바나바를 따르니 두 사도가 더불어 말하고 항상 하나님의 은혜 가운데 있으라 권하니라"(행 13:43).

예수님의 직접적인 제자들인 '사도들'과 다른 '사도들'간에는, 어쩌면 권위에 있어서 모종의 차이가 있었을 수도 있다. 마치 조교수와 정교수가 호칭으로는 똑같은 '교수'이지만 권위와 경력에서 차이가 있을 수 있는 것처럼 말이다. 하지만 분명한 것은 초대교회 당시에 열두제자들이 아닌 다른 사도들도 있었다는 사실이다.

이처럼 사도는 참 독특한 직분이다. 다른 직분들과는 달리, 사도는 누군가로부터 안수받거나 임명받으면서 세워지는 직분이 아니기 때문이다. 예루살렘 교회에서 '집사'를 세울 때는 조건을 충족시키는 사람들을 성도들이 선택한 뒤, 사도들이 안수해서 집사로 세웠다. 또 바울이 1차 선교여행을 마치고 돌아오는 길에 각 교회들에 '장로들'을 택해서 세울 때도, 사도들인 바울과 바나바가 이들을 직분자로 세웠다(행 14:23). 반면, 사도가 다른 누군가로부터 안수받으면서 세워지는 모습은 성경에 나오지 않는다. 이렇듯 가장 고귀하면서 독특한 직분이 '사도'였다.

그렇다면 바울은 어떻게, 언제부터 사도가 되었을까? 바울은 서신서를 보낼 때마다 자신을 항상 '예수 그리스도의 사도가 된 바울'이라고 표현한다. 이는 단순한 의례적 표현이 아니다. 자신이 주님의 사도이고 주님께서 친히 자신을 찾아와 직접 사도로 세우셨다고 강조하는 표현이다. 바울은 누군가에게 안수받거나 훈련을 받아서 사도가 된 것이 아니었다.

또한, 이 일은 우리가 잘 아는 대로 그가 다메섹으로 가던 도중에 일어났다. 그는 다메섹 도상에서 이미 사도로 부름받았다. 마치 베드로를 비롯한 다른 사도들이 바닷가에서 주님께 부름 받던 바로 그 순간부터 비록 완전한 모습은 아니었지만 이미 '사도'로 부름 받았던 것처럼, 바울 역시 그랬다. 바울은 아나니아에게 세례 받던 그때에, 비록 아직 아무 사역도 하지 않고 있었지만 이미 사도로 부름 받은 상황이었다.

성도 아나니아는 이미 주님으로부터 사도로 부름 받은 바울에게 세례를 주었다. 먼저 주님을 알고 믿었던 선배 성도가, 뒤늦게 복음과 교회로 부름 받은 후배 성도에게 세례를 준 것이다. 비록 직분에 있어서 일반 성도와 사도라는 분명한 차이가 있었지만, 이런 차이쯤은 아랑곳하지 않고 세례를 준 것이다. 이것은 주님께서 원하시고 명령하신 아름다운 모습이고, 그 누구도 흠 잡을 수 없는 지극히 성경적이고 온전한 과정이다.

성도가 세례를 주어도 되는가? 당연히 '그렇다'. 모든 성도는 한 사람도 빠짐없이 다 복음을 증거하고 전파하는 제자가 되어야 하며, 자신이 맺은 귀한 생명의 열매들을 향해 세례를 베풀어야 하고, 그들을 잘 양육하고 가르쳐야 한다. 지금 우리의 문제는, 예수님께서 지상대명령을 통해 명확하게 선포하셨고 초대교회가 순종했던 명령에 불순종하고 있다는 것이다. 교회가 살 길은 모든 성도들이 주님 명령에 순종하여 전도하러 나서는 것이며, 한 영혼을 구원하고 그들을 성숙한 제자로 잘 양육하는 이것 한 가지뿐이다.

아나니아는 원수였던 바울에게 세례를 베푼다. 이는 용서는 하되 거리를 두고 지내겠다는 태도가 아니다. 설령 바울이 성령충만해지더라도 나와는 상관없는 다른 지역에 가서 사역하기를 바라는 그런 태도가 아니다. 가장 가까이 데리고 들어와 '형제'로 더불어 지내겠다는 행동이다. 그리고 바울 역시 스스로 일어나 '세례' 받는 자리에 나아옴으로써, 주님 제자로서 자발적으로 신앙생활하는 첫걸음을 떼기 시작한다. 아나니아 앞에서 믿음의 반응을 시작한 것이다. 또한 아나니아가 아무 직분을 갖고 있지 않은 일반 성도였음에도 이미 사도로 부름 받은 바울에게 아무 거리낌 없이 세례를 주었다는 사실도 매우 중요하다. 아나니아는 예수님께서 승천하시면서 주신 '지상대명령'에 문자 그대로 아름답게 순종했으며, 주님께 칭찬들을 일을 하였다.

든든한 후원자 아나니아

19 **음식을 먹으매 강건하여지니라** 사울이

다메섹에 있는 제자들과 함께 며칠 있을새 (행 9:19)

어느덧 두 사람의 만남은 믿음 안에서 은혜와 반응을 주고받는 상호적인 모습을 띠게 되었다. 어느 한편의 일방적인 행동이 아니라 아나니아와 바울이 함께 행동하는 양상이 전개되기 시작한다. 아나니아는 계속해서 은혜를 공급하는 통로로 역할을 했고, 바울은 이전보다 더 분명하게 믿음으로 반응했다.

사도 바울이 세례를 받은 뒤 가장 먼저 전개된 상황은 음식을 먹고 건강을 회복한 것이었다. 음식을 '먹었다'는 표현이나 '강건해졌다'는 표현은, 둘 모두 다 바울을 주어로 한다. 바울이 먹은 것이고, 바울이 강건해진 것이다. 그렇다면 이 음식은 누가 만들었을까? 바울은 지금까지 식음을 전폐하고 있었다. 그런데 눈을 뜨자마자 이미 준비되어 있었던 식재료들을 사용해서 자기 손으로 직접 음식을 만들었던 것일까? 그리고 바울은 혼자서 쓸쓸히 음식을 먹었을까? 헬라어 성경에서는 음식을 '먹으매'라는 표현이 3인칭 단수형이다. 이 표현을 문자 그대로 받아들인다면 바울은 옆에 아무도 없는 상황에서 혼자서 밥을 먹고, 혼자서 강건해졌던 것이라 봐야 할까? 과연 그랬을까?

지금까지는 계속 아나니아가 바울과 함께하고 있었다. 아나니아가 먼저 찾아오고, 아나니아가 먼저 불러 주고, 아나니아가 먼저 손을 내밀어 주고, 아나니아가 먼저 축복해 주었다. 그런데 바울이 눈을 뜨고 난 이후에는, '나는 내 할일을 다 했으니 이제부터는 네가 혼자 알아서 해라!' 이렇게 말하면서 식음을 전폐하느라 기운이 쇠했을 바울을 내팽개치고 도망치듯 후다닥 집으로 돌아가 버렸을까? 장면이 너무 어색하지 않은가? 성경에 명시적으로 누가 음식을 만들었는지 아무 언급이 없지만, 아나니아가 바울과 더불어 함께 떡을 떼며 식탁 교제를 나누었다고 보는 것이 더 자연스럽지 않을까? 어쩌면 아나니아는 식재료를 손수 준비해 와서 굶주림 속에 이제 막 눈을 뜬 바울을 위해 음식을 만들어 주고, 바울이 금식 이후 음식을 천천히 먹게끔 도와주고, 바울이 기력을 되찾고 강건해지도록 옆에서 섬겨 주었을지도 모른다.

적어도 아나니아는 바울의 눈을 뜨게 해준 뒤 곧장 돌아간 것은 아니었다. 사도행전 9장에는 나오지 않지만 아나니아는 바울이 앞으로 어떤 사역을 해나가야 할지 주님의 계획과 뜻을 알려 주고 전달하는 역할도 했기 때문이다(행 22:12-16). 이 말들을 전달하기 위해서라도, 아나니아는 바울 곁에 남아 있어야만 했다.

예수님께서는 한 사람을 제자로 부르시면 거의 예외 없이 그 제자의 집으로 찾아가 함께 식사하시곤 했다. 베드로를 부르셨을 때, 세리 레위를 부르셨을 때도 그들 집에 찾아가 함께 식사하셨다. 요한복음 마지막 장에서 주님은 자신을 세 번이나 부인했던 베드로에게 '내 양을 치는 목자가 되라'고 새로운 직분을 주시기 전에, 해변가에서 친히 식탁을 마련해 놓고 베드로를 기다리셨다. 베드로가 헤엄쳐서 주님께 나아왔을 때, 예수님은 그분이 친히 마련하신 음식을 베드로에게 권하시며 먹게끔 하셨다. 이것이 '예수님 스타일'이다.

바울에게도 그때처럼 하지 않으셨을까? 주님을 핍박하던 사도 바울을 향해 '열방을 향해 복음을 전하는 내 그릇이 되라'고 새롭게 직분을 주실 때에, 주님이 아나니아를 보내셔서 미리 식탁을 마련하게 하시고, 기력이 쇠한 바울을 다시 강건케 하시지 않았을까?

바울은 과거의 삶에 대해서는 이미 죽은 사람이다. 그래서 그는 식음을 전폐하며 자신을 향해 실질적으로 '죽음'을 선포했다. 그리고 그가 다시 새로운 삶을 살기 위해 처음 밥숟가락을 들었을 때, 그의 옆에는 아나니아가 있었다. 이전과는 정반대로 새로운 삶을 살기 위한 영양분이 그의 입으로 들어가고 그의 몸이 새로운 힘을 공급받기 시작할 때, 바로 그의 옆에는 아나니아가 있었다. 이전에 바라보던 모든 것에 눈이 멀었다가 눈을 뜨고 처음 본 사람이 아나니아였듯이, 바울이 새 삶을 시작하면서 첫 숟가락을 들 때 그의 곁에서 함께하고 있던 사람도 아나니아였다. 아나니아는 사도 바울이 예수님을 믿고 난 뒤 가장 처음 본 사람, 가장 처음 목소리를 들은 사람, 가장 처음 은혜를 공급받은 사람, 맨 처음 함께 밥을 먹은 사람이었다.

사도행전 9장에는 별다른 기록이 없지만, 아나니아가 바울에게 행해 준 일이 한 가지 더 있다. 이 내용은 훗날 바울이 예루살렘에서 재판받으면서 자신이 어떻게 회심했는지를 두 번에 걸쳐(22, 26장) 간증할 때, 좀 더 상세하게 설명된다. 우선, 예수님이 사도 바울을 다메섹 도상으로 찾아오셔서 만나 주시는 장면에 대해서 사도행전 9장은 이렇게 기록한다.

> 너는 일어나 시내로 들어가라 네가 행할 것을
> 네게 이를 자가 있느니라 하시니 (행 9:6)

주님은 바울을 향해 다메섹으로 들어가라고 명령하시면서, '네가 앞으로 행해야 할 일이 무엇인지를 너에게 말해 주고 알려 줄 자가 있다'라고 말씀하셨다. 그리고 주님은 곧장 아나니아를 찾아가셔서 바울에 대해 이렇게 말씀하신다.

이 사람은 내 이름을 이방인과 임금들과
이스라엘 자손들에게 전하기 위하여 택한 나의 그릇이라
그가 내 이름을 위하여 얼마나 고난을 받아야 할 것을
내가 그에게 보이리라 (행 9:15-16)

주님은 '내가 그에게 보일 것'이라 말씀하셨지만, 사실 그 이후 상당 기간 주님이 직접 바울에게 나타나지는 않으셨다. 도리어 바울이 '이방인, 임금들, 이스라엘 자손에게 내 이름을 전하기 위해 내가 택한 나의 그릇'이라는 사실을 바울에게 알려 주고 전해 준 사람은 다름 아닌 아나니아였다. 바울은 아나니아가 선포한 자신의 소명과 직분이 무엇이었는지 상세히 고백한다.

우리 조상들의 하나님이 너를 택하여 너로 하여금 자기 뜻을 알게 하시며 그 의인을 보게 하시고 그 입에서 나오는 음성을 듣게 하셨으니 네가 그를 위하여 모든 사람 앞에서 네가 보고 들은 것에 증인이 되리라 (행 22:15)

아나니아는 바울에게 네 가지 내용을 선포한다. ① 하나님께서 너를 선택하셨으며 ② 그분의 뜻이 무엇인지 알게 해주셨고 ③ 그 의인이신 예수를 보게 하실 뿐만 아니라 주님 입에서 나오는 음성도 듣게 하셨으니 ④ 이는 이방인, 임금들, 이스라엘 자손을 포함하는 모든 사람들 앞에서 증인이 되게 하시기 위해서이다.

아나니아는 바울이 목격한 분이 누구신지, 앞으로 바울이 무슨 일을 누구를 대상으로 어떻게 감당해야 할 것인지, 주님의 계획이 무엇인지를 그에게 가르치고 설명한 것이다. 우리 식으로 말하자면, 평범한 성도 아나니아가 사도인 바울에게 소명을 주며 직분의 자리로 나아올 것을 권면하고 명령한 셈이다.

그렇다면 사도 바울은 예수님께서 자신에게 무얼 원하시는지, 자신이 앞으로 어떻게 살아야 하는지를 전혀 몰랐던 것일까? 아니다. 바울은 아나니아를 만나기 전에 이미 이 모든 내용을 주님으로부터 직접 들어서 알고 있었다. 사도행전에는 다메섹 사건과 관련된 내용이 모두 세 번 나오는데(9, 22, 26장), 그중 마지막 서술인 26장에 그 장면이 등장한다.

> 일어나 너의 발로 서라 내가 네게 나타난 것은 곧 네가
> 나를 본 일과 장차 내가 네게 나타날 일에 너로 종과
> 증인을 삼으려 함이니 이스라엘과 이방인들에게서
> 내가 너를 구원하여 그들에게 보내어 그 눈을 뜨게
> 하여 어둠에서 빛으로, 사탄의 권세에서 하나님께로
> 돌아오게 하고 죄 사함과 나를 믿어 거룩하게 된
> 무리 가운데서 기업을 얻게 하리라 (행 26:16-18)

예수님이 다메섹 도상에서 바울에게 직접 말씀해 주신 내용을 가만히 읽어 보면, 아나니아가 바울을 찾아와 전해 준 내용과

정확하게 일치한다는 사실을 알 수 있다. 서로 짜고 말하는 것처럼 말이다.

아나니아는 자기의 신앙 경험담이나 자기가 생각할 때 가장 유익한 권면, 또는 자기가 하고 싶은 말을 바울에게 시시콜콜 읊조린 것이 아니다. 아나니아는 오로지 사도 바울이 주님으로부터 들었던 그 말씀이 진정 주님 말씀임을 확인해 주는 일만을 감당했다. 바울이 다메섹에서 충격적으로 경험하며 들었던 예수님 말씀에 대해, 그것이 주님의 온전한 뜻임을 바울에게 확인시켜 준 것이다. 마치 구약시대 때 하나님께서 먼저 누군가를 기름 부어 왕으로 세우시면 이를 백성들이 인정하며 그를 왕으로 추대했던 것처럼, 지금 사도 바울도 아나니아를 통해 주님 말씀을 확인하며 다시 한 번 주님 음성을 듣고 있다.

장면 14

다메섹 식구들

19 음식을 먹으매 강건하여지니라 사울이 **다메섹에
있는 제자들과 함께 며칠 있을새** 20 즉시로 각 회당에서
예수가 하나님의 아들이심을 전파하니 21 듣는 사람이
다 놀라 말하되 이 사람이 예루살렘에서 이 이름을
부르는 사람을 멸하려던 자가 아니냐 여기 온 것도 그들을
결박하여 대제사장들에게 끌어 가고자 함이 아니냐
하더라 22 사울은 힘을 더 얻어 예수를 그리스도라
증언하여 다메섹에 사는 유대인들을 당혹하게 하니라

(행 9:19-22)

바울은 아나니아로부터 주님 말씀을 확인하고 기력을 회복한
뒤, 지체하지 않고 곧장 사역을 시작한다. 사도행전은 바울이 다
메섹에 있는 제자들과 며칠 동안 함께 있었다고 기록한다. 이뿐
만이 아니다. 바울은 바로 다메섹의 여러 회당에서 예수 그리스
도께서 하나님 아들이심을 전파했다.

이 사건은 당연히 다메섹을 벌집 쑤시듯이 뒤집어 놓았다. '센세이셔널한' 사건이 펼쳐진 것이다. 바울은 예수님 믿는 사람들을 잡아가려고 다메섹으로 말달리던 사람이었는데, 그런 그가 도리어 회당에서 예수 그리스도를 하나님 아들이라고 선포한 것이다. 단순한 선지자나 혁명가가 아니라 하나님의 아들이라고! 바울이 회당에서 전파하는 내용을 들었던 사람들은 예수님 믿는 사람이든 유대교인이든 모두 놀랐다. 바울은 한두 번이 아니라 계속해서 힘 있고 능력 있게 예수 그리스도를 증거했다.

성경은 사도 바울이 어떻게 다메섹 교회 제자들과 만나게 되었는지, 어떻게 그들과 며칠씩이나 함께 지낼 수 있었는지 그 과정에 대해서는 아무 기록도 남기지 않았다. 하지만 누가 뭐래도, 아무리 바울이 회심했다 하더라도, 다메섹 교회 입장에서 바울은 그저 먹잇감을 향해 미친 듯이 뛰어가는 맹수와 비슷한 존재였을 것이다. 방금 전까지 예루살렘에서 성도들을 감옥에 넣고 죽이던 핍박자를, 대체 무얼 믿고 받아들여 준단 말인가? 바울이 자기 발로 다메섹 교회와 성도들을 찾아갈 수 있었을까? 아무래도 아나니아가 바울을 다메섹 제자 공동체에 소개해 주었다고 보는 것이 타당할 것이다. 다메섹 교회 제자들 중 바울을 제일 처음 만나 준 사람은 아나니아였다. 바울이 회심했음을 증거해 줄 사람도 아나니아였다.

비록 회심하고 믿음을 갖게 되었지만, 바울은 혼자만 덩그러니 남아 있었다. 바울에겐 함께 예배를 드릴 믿음의 형제들도, 예배드리러 갈 수 있는 교회도 없었다. 그는 그저 '회심한 한 개인'에 불과했다. 교회에 소속되기엔 그동안 저질러 온 악행 탓에 너무 높고 넓은 장벽이 이미 쳐져 있던 사람이었다. 바울도 양심이 있는 사람이었기 때문에, 자신이 그토록 핍박하던 교회에 아무 일도 없었다는 듯 태연하게 나서기는 어려웠을 것이다. 나중에 사도 바울 자신도, 자신이 하나님의 교회를 박해했던 자이기에 감히 사도라 칭함 받을 수 없는 사람이라고 처절한 심정으로 고백하지 않았던가(고전 15:9).

그러나 당연히 그에게도 교회가 필요했다. 그에게도 사귐과 함께함이 필요했다. 그런데 바울은 자기 혼자의 힘으로 교회를 찾아가고 성도들을 사귀기엔, 너무 악랄하게 살아왔다. 아무도 그를 믿을 수 없었고, 아무도 그를 환영하지 않았다. 그런 바울을 교회로 데려가 준 사람, 다른 성도들을 형제자매로 붙여 준 사람, 그런 바울에게 신앙생활을 할 수 있게 안내해 준 사람이 바로 아나니아였을 것이다. 세례를 베풀어 주어서 공식적으로 교회 공동체의 일원이 되게 하고, 제도적 통과의례를 넘어 실제로 사귐을 누리고 사역을 시작할 수 있도록 장을 열어 준 장본인도 아나니아였을 것이다. 바울을 회심케 하신 것은 분명 예수님이셨지만, 바울이 실제로 성도가 되고 교회 구성원이 되게 하는 일은, 주님이 아니라 아나니아가 감당했다. 바울은 주님을 만나고, 아나니아를 만나면서, 신앙인이 되었다. 예수님이 베풀어 주신 은혜를 아나니아를 통해 온전히 누린 것이다.

이 장면과 대조를 이루는 장면을 바로 뒷장인 사도행전 10장에서 찾아볼 수 있다. 예수님은 당시 욥바에 있던 베드로에게 고넬료를 찾아가라고 명령하신다. 고넬료는 가이사랴에 살고 있었다. 베드로는 마지못해 가이사랴에 갔고, 자신이 설교하는 중에 주님이 강권적으로 성령님을 쏟아부어 주시는 것을 두 눈으로 목격한다. 아나니아가 바울에게 세례를 준 것처럼, 베드로 역시 함께 데리고 간 형제들을 통해서 고넬료에게 세례를 베풀었다. 뿐만 아니라 베드로는 아마도 그곳에서 며칠 동안 함께 기거하며 머물렀던 것 같다(행 10:48).

우리가 주목해야 할 점은 바로 그다음 내용이다. 베드로가 고넬료에게 세례를 베풀어 준 이후 도대체 무엇을 했는지 성경은 아무것도 기록하지 않는다. 고넬료 쪽에서 며칠 더 있어 달라 청했다고만 기록할 뿐, 실제로 베드로 일행이 며칠 더 머물렀는지조차 확실하게 알 길이 없다. 이는 회심한 바울이 다메섹에서 곧장 사역을 했던 것과 매우 다른 양상이다. 만약 고넬료와 베드로의 만남이 아나니아와 바울의 만남과 비슷한 양상이 되려면, 적어도 베드로가 고넬료를 가이사랴에 있었을 교회에 소개해 주고 신앙이 뿌리를 잘 내리도록 도와주었어야 했다. 그런데 이런 모습은 보이지 않는다. 이건 정말 아쉬운 부분이다. 혹시 베드로가 내 옆에 있다면, 구원받은 한 영혼을 이렇게 무책임하게 내버려 두고 혼자 예루살렘에 와도 되느냐고 항의하고 싶을 지경이다.

고넬료가 살던 곳이 다름 아닌 가이사랴였기 때문에 더욱 아쉽다. 가이사랴에는 집사 빌립이 거주하고 있었다(행 8:40). 사마리아 교회를 세운 훌륭한 집사 빌립 말이다. 시간이 한참 흐른 뒤인 사도행전 21장에서는 3차 선교여행 이후 예루살렘으로 향하던 사도 바울이, 가이사랴를 거쳐가면서 빌립의 집에 잠시 머물렀다고 기록한다. 빌립은 꽤 오랫동안 가이사랴에 있었던 셈이다. 베드로는 가이사랴에 빌립이 있었다는 사실을 몰랐을까? 자신이 예루살렘에서 직접 안수해서 빌립을 집사로 세웠는데도? 베드로는 고넬료를 가이사랴에 있는 교회에 소개시켜 주고 정착시켜 주고자 이리저리 수소문해 봐야 했던 것 아닐까? 이런저런 상상을 해보아도 추측에 불과하지만, 분명한 사실은 회심한 고넬료가 자신이 지내던 가이사랴 지역 교회와 어떤 관계를 맺었는지 아무 기록 없이 사건이 종결되었다는 것이다.

나는 이 모든 차이점이 바로 아나니아에게서 비롯되었다고 생각한다. 회심한 바울 곁에는 그를 위해 모든 것을 감내해 준 아나니아가 있었지만, 회심한 고넬료 곁에는 마지못해 터벅터벅 발걸음을 했던 베드로만 있었다. 적어도 이 장면에서만큼은 일반 성도인 아나니아가 수제자 베드로보다 훨씬 더 아름답고 온전한 제자의 모습이었다.

아나니아의 역할은 여기서 끝나지 않는다. 얼마 지나지 않아, 상황이 급박하게 전개되기 시작한다. 사도 바울이 다메섹에서 왕성하고 힘 있게 활동하자, 유대인들도 대응에 나선다.

> 여러 날이 지나매 유대인들이 사울 죽이기를 공모하더니
> 그 계교가 사울에게 알려지니라 그들이 그를 죽이려고
> 밤낮으로 성문까지 지키거늘 그의 제자들이 밤에 사울을
> 광주리에 담아 성벽에서 달아 내리니라 (행 9:23-25)

그들은 처음에는 놀랐고, 그다음에는 당황했고 결국 바울을 죽여 버려야겠다고 공모하기 시작한다. 그들은 바울이 도망치지 못하도록 밤낮으로 성문을 지키기 시작한다. 바울의 과거를 생각하면 정말 아이러니한 이 극적인 상황에서, 다메섹에 있던 바울의 제자들은 바울을 광주리에 담아 성벽에서 달아 내려 바울을 피신시킨다. 정교회 전통에 따르면 아나니아가 다메섹에서 바울과 함께 동역하며 활발하게 사역했으며, 또한 바울을 도피시킬 때에도 함께 힘을 모았다고 한다. 비록 성경에서는 풍성하게 기록하고 있지는 않지만, 이 기록으로 본다면 아나니아는 바울을 도피시키는 일에도 끝까지 은혜를 베푸는 통로로 헌신했던 것이라 할 수 있다.

아나니아가 마지막으로 바울에게 행한 일들은 갓 믿음을

갖고 신앙생활을 시작한 사도 바울이 그 이후에 풍성하고 온전하게 신앙생활하고 사역할 수 있도록, 최선을 다하여 후속조치를 도운 것이었다. 그는 영적으로 새로 태어난 바울에게 ① 음식을 먹여 육체적으로 건강을 회복하게 도왔으며 ② 앞으로 그가 무엇을 해야 하는지 주님의 뜻을 확신하게끔 가르쳐 주었으며 ③ 다메섹 교회와 다른 제자들에게 바울을 소개하는 가교역할을 하여 그가 사역을 시작하도록 도왔으며 ④ 마지막에는 핍박받는 바울이 목숨을 건지고 도피할 수 있게끔 도와주었다. 어떻게든 주님이 바울에게 명령하신 일을 잘 감당할 수 있도록 이모저모로 살펴주고 도와주는 것, 이것이 바로 아나니아가 감당했던 마지막 일이었다.

처음에 주님은 아나니아에게, 일어나 가서 바울을 찾아 안수해서 눈을 뜨게 해주라고 명령하셨다. 예수님은 이미 바울을 만나셨으므로 그냥 그 자리에서 모든 문제를 해결하시고 할 말을 다 하셔도 그만이었다. 하지만 주님은 어찌된 일인지 일의 반토막을 남겨 둔 채 바울을 떠나셨고, 아나니아를 찾아오셔서 주님이 남겨 놓으신 나머지 일들을 그에게 부탁하고 명령하셨다.

하지만 이 명령은 아나니아가 원하던 일도 아니었고 좋아하는 일은 더더군다나 아니었다. 그런데도 아나니아와는 한 마디 상의도 없이 바울에게 먼저 '아나니아가 찾아와 안수해 주고 네 눈을 뜨게 해줄 것이다'라고 사고를 치셨다.

아나니아는 원수를 사랑해 주라는 주님 명령을 들으면서 얼마나 힘들었을까? 분명 순종하기 버겁고 마음속에 깊은 갈등이 생겨나는 그런 명령이었다. 그러나 아나니아는 넘치도록 순종했다. 그는 주님이 말씀하신 대로 바울을 찾아갔고, 그의 이름을 부르며 형제라 하였다. 그리고 안수해서 그의 눈을 뜨게 해주었을 뿐만 아니라 성령충만을 받도록 기도했고, 또한 세례도 베풀어 주었다. 그다음 아나니아는 바울과 함께 첫 식사를 나누고, 다메섹 교회에 그를 소개해 주었으며, 그가 다메섹에서 사역하는 일을 도와주고 함께 동역하다가 그를 피신시키는 일에도 힘을 다했다.

아마 우리들이었다면 예수님께 나는 못하겠다고 뒤로 내빼거나 아니면 순종하더라도 미간을 찌푸리며 싫은 내색을 역력히 보이지 않았을까 싶다. 사실, 찡그리며 순종한다 하더라도 순종했다는 사실만으로 칭찬받아 마땅한 대단한 일을 한 것이리라.

하지만 나는 아나니아가 그런 모습은 아니었을 것 같다. 아마도 그는 우리들과는 달리, 기쁘고 감사한 모습으로 이 모든 명령들을 감당하지 않았을까? 그랬기에 명령되지 않은 더 풍성한 은혜와 사랑도 아낌없이 사도 바울에게 베풀어 준 것이 아닐까?

사랑이란 모름지기 이런 모습일 것이다. 자기를 부인하고 자기 십자가를 지는 '형제 사랑', 아름답고 향기로운 '돌봄과 섬김'….

아나니아가 보여 준 아름답고 놀라운 순종의 모습은, 마치 십자가가 우리를 자유케 해주면서도 동시에 항상 우리 마음에 항상 큰 부담으로 다가오는 것처럼, 우리도 아나니아와 같이 순종해야 한다는 도전과 부담으로 다가온다. 할 수만 있다면, 주님의 일에 아나니아처럼 온전하게 순종하고 귀하게 쓰임 받은 이후에, 저 천국에 올라가서 아나니아와 더불어 귀한 간증을 나누는 아나니아 같은 제자가 되고 싶다.

주님, 저에게 자기를 부인하고 자기 십자가를 감당하는 귀한 믿음을 주소서 ….

아나니아, 그 후

26 사울이 예루살렘에 가서 제자들을 사귀고자 하나
   다 두려워하여 그가 제자 됨을 믿지 아니하니

27 바나바가 데리고 사도들에게 가서 그가 길에서
   어떻게 주를 보았는지와 주께서 그에게 말씀하신 일과
   다메섹에서 그가 어떻게 예수의 이름으로 담대히
   말하였는지를 전하니라

28 사울이 제자들과 함께 있어 예루살렘에 출입하며

29 또 주 예수의 이름으로 담대히 말하고 헬라파 유대인들과
   함께 말하며 변론하니 그 사람들이 죽이려고 힘쓰거늘

30 형제들이 알고 가이사랴로 데리고 내려가서
   다소로 보내니라

31 그리하여 온 유대와 갈릴리와 사마리아 교회가 평안하여
   든든히 서 가고 주를 경외함과 성령의 위로로 진행하여
   수가 더 많아지니라 (행 9:26-31)

원수를 사랑하는 복종이 교회를 세운다

> 그리스도 안에서 일만 스승이 있으되 아버지는 많지
> 아니하니 그리스도 예수 안에서 내가 복음으로써
> 너희를 낳았음이라 그러므로 내가 너희에게 권하노니
> 너희는 나를 본받는 자가 되라 (고전 4:15-16)

사도 바울은 고린도 성도들을 향해 '너희는 나를 본받는 자가
되라'고 권면한다. 그렇다면 바울은 누구를 본받았을까? 바울은
스스로가 이야기하듯 주님을 만난 이후 사도들을 찾아다니거나
유명한 사람들과 교제하기 위해 여기저기를 좇아 다니지 않았
다. 뿐만 아니라, 바울은 예수님의 공생애 사역 기간 동안 주님
을 만나 본 적도 없는 사람이다. 그렇다면 과연 바울은 누구에
게서 가장 큰 영향을 받았을까? 바울의 스승이라고 말할 수 있
는 사람은 누구일까? 어떤 사람들은 바울이 오랜 세월을 고향
에서 말씀을 묵상하며 지냈다고 이야기하기도 하고, 어떤 이들
은 바울이 다메섹 도상에서 주님을 만났을 때 이미 컴퓨터 자료

141

를 다운로드하듯이 이미 모든 복음을 직통계시로 공급받았다고 이야기한다.

우리는 정답은 알지 못한다. 그러나 사도 바울에게 가장 큰 영향력을 끼친 성도를 손꼽으라면, 우린 집사 스데반과 성도 아나니아 두 사람을 떠올릴 수 있다. 사도 바울은 다메섹 도상에서 예수 그리스도를 만나기 이전, 수많은 예수쟁이들과 수많은 주님의 제자들을 만나 본 사람이었다. 그는 전문적인 복음 박해자요 제자 킬러였기 때문이다. 아마 수많은 제자들을 감옥에 집어넣는 과정에서 의연한 믿음의 용사들도 보았을 것이고, 반대로 목숨만 살려 달라고 어쩔 수 없이 비굴하게 복음을 포기하는 배신자도 보았을 것이다. 하지만 사도행전은 바울이 만난 예수쟁이의 이름을 딱 두 명만 기록한다. 바로 스데반과 아나니아이다.

목숨을 바쳐 복음을 증거했던 순교자 스데반과, 원수에게 먼저 찾아가 병 고침과 성령충만이라는 가장 큰 선물을 주면서 형제라고 불러 주었던 아나니아. 이들이 바울이 만난 예수쟁이였다. 바울을 구원한 것은 물론 예수 그리스도의 십자가이다. 하지만 객관적인 상황을 볼 때, 사도 바울로 하여금 어떻게 사는 것이 제자답게 살아가는 것인지를 구체적인 삶으로 보여 주고 가르쳐 준 것은 바로 스데반과 아나니아라는 제자들이었다.

그들은 자신의 삶을 통해, 제자답게 살아가는 것이란 권능 있는 증인이 되어 복음을 증거하는 담대함으로 살아가는 것이며, 원수에게 찾아가 복음을 증거하고 주의 제자로 삼아 세례 주는 자가 되는 것임을 분명히 보여 주었다. 이들은 비록 바울보다 더 가난한 사람들이었고, 더 못 배운 사람들이었고, 더 힘없는 사람들이었고, 더 영향력 없는 사람들이었지만, 그럼에도 이들은 사도 바울을 온몸과 삶으로 가르치고 향기로운 본을 보인 제자들이었다. 사도 바울을 사도 바울 되게 만든 과정에는, 스데반과 아나니아라는 두 제자의 제자다운 삶과 헌신이 뿌리 깊이 스며들어 있다.

바울은 평생을 살면서 복음을 증거하다가 목숨을 잃을 위기를 만났다고 해서 비겁하게 돌아서지 않았다. 바울은 비록 다른 곳에 복음을 증거하고자 그 자리를 피해 도망친 적은 있어도, 자기 목숨 하나 건지겠다고 비굴하게 도망친 적은 없었다. 그 이면에는 복음을 증거하다 바울 앞에서 돌 맞아 죽은 스데반에게 빚진 마음이 늘 자리 잡고 있었을 것이다. 고난 당할 때마다, 바울의 마음에는 늘 스데반이 어른거리지 않았을까.

또한, 바울은 평생을 살면서 이전에는 원수나 개돼지로 여겼던 이방인들에게 복음을 전하며 살았다. 그리고 그는 아나니아가 그에게 베푼 모습 그대로 이방인들에게 베풀며 살았다. 바울은 아나니아가 자신을 찾아와 주었듯이 자신이 이방인들을 찾아가 주었다. 바울은 아나니아가 자신을 향해 먼저 형제라고 불러 주었듯이 이방인들을 향해 먼저 형제라 불러 주었다. 바울은 아나니아가 그렇게 했듯이 이방인들의 육체의 질병을 고쳐 주었고, 아나니아가 그렇게 했듯이 이방인들에게 안수하여 성령 충만을 받게 하였고, 아나니아가 그렇게 했듯이 이방인들에게 세례를 주었으며, 아나니아가 자신에게 베풀었듯이 이방인들과 식탁 교제를 기꺼이 나누었으며, 아나니아가 자신에게 베풀었듯이 이방인들에게 교회를 세워 주고 그들이 교회에 정착하도록 도와주었다.

바울은 이처럼 '버림받은 이방 사람들'에게 복음을 전하고 그들에게 먼저 찾아가 형제라고 부르며 손 내미는 것을 결코 포기하지 않았다. 그 이면에는 바울을 찾아와 손을 내밀며 형제라 불러 주고 바울의 영적, 정서적, 육체적 필요를 채워 주었던 아나니아에게 빚진 마음이 크게 자리 잡고 있었을 것이다. 바울의 모든 모습은 아나니아를 닮은 모습이었다.

바울은 후에 자신의 삶을, 스데반과 같이 목숨 걸어 복음을 증거하는 데 바쳤다. 또한 아나니아가 '형제 사울아'라고 불렀듯이, 지독하게 천대했던 이방인들에게 다가가 '형제여, 주님이 너를 사랑하시고 부르신다'라고 증거하는 삶을 살았다. 목숨 걸고 복음을 증거하고, 이전에는 쳐다도 보지 않던 이방인들을 목숨 걸고 사랑하는 삶을 살았다. 스데반과 아나니아처럼 말이다. 그래서 어떤 의미에서는, 사도 바울의 삶을 통해 스데반과 아나니아는 계속 살아서 계속 사역했다고도 말할 수 있을 것이다.

땅끝에 교회가 세워지고 이방인들이 하나님의 자녀가 되는 귀한 역사의 과정에는 사도 바울과 아나니아가 있었다. 만약 이들을 향한 주님의 부르심과 이들의 순종이 없었다면, 땅끝 이방인들에게는 교회가 주어지지 못하거나 훨씬 더디게 복음이 들어갔을 것이다.

교회 중에서 가장 처음 세워진 교회는 예루살렘 교회이다. 반면 땅끝에 세워진 이방인 교회는 한참 뒤에 세워진 교회, 마지막으로 세워진 교회였다. 그러나 땅끝에 세워진 교회는 예루살렘 교회보다 몇 가지 점에서 훨씬 아름답고 탁월한 모습을 지니고 있었다.

우선, 땅끝에 세워진 이방인 교회는 주님 말씀이 더 온전하게 성취된 열매이다. 예수님께서는 승천하시면서 세 곳에 교회를 세우라고 명령하셨다. 가장 먼저 언급된 곳은 예루살렘과 온 유대이다. 성도들은 이에 순종했고 예루살렘과 유대에 교회를 세웠다. 그 다음으로 언급된 곳은 사마리아인데, 이곳에는 집사 빌립이 교회를 세웠다. 마지막으로 언급된 곳이 바로 땅끝이다. 하지만 사도들과 제자들은 땅끝에 교회를 세우고 이방인을 제자 삼으라는 명령을 분명히 들었는데도 그 일을 위해 헌신하지 않았다. 예루살렘 교회도 사마리아 교회도 땅끝까지 교회를 세우는 일을 위해서는 아무것도 하지 않았다. 결국 예수님께서는 땅끝에 교회를 세우시기 위해 사도 바울을 선택하셨고, 그를 온전히 세우기 위해 아나니아를 사용하셨다. 땅끝에 교회가 세워짐으로 인해 주님의 말씀은 좀 더 풍성하게 성취된다. 예루살렘과 사마리아에 교회가 세워졌을 때보다 더욱 온전하게 성취된다. 왜냐하면 예수님께서 승천하시면서 주신 지상대명령이 예루살렘과 온 유대, 사마리아, 땅끝까지 제자 삼으라는 내용이었기 때문이다. 그렇기 때문에 땅끝에 세워지는 이방인 교회는 예루살렘 교회보다 더욱 풍성한 말씀의 성취이다.

이것보다 더 중요한 점이 있다. 땅끝에 세워진 이방인 교회는 원수를 사랑하는 모습을 통해 세워졌다는 점에서 예루살렘 교회보다 탁월하다.

사람들은 예루살렘 교회 하면 성령충만을, 사마리아 교회 하면 박해에도 굴하지 않는 성도들의 사역을 떠올린다. 그리고 땅끝 교회는 흩어진 여러 성도와 여러 사도들 특히 사도 바울의 헌신을 떠올린다. 이미 살펴본 것처럼, 땅끝에 교회를 세우는 데 헌신한 사도 바울은 원수를 사랑해 준 아나니아의 지극한 복종을 통해 세움 받았다. 이것이 땅끝 교회의 처음 출발점이었고 예루살렘 교회와 다른 모습이기도 하다. 땅끝 교회의 첫 출발점을 형성한 자양분이 아나니아가 실천한 원수 사랑이었던 것이다.

크게 보자면, 예루살렘 교회도 원수를 사랑하는 모습에서 출발했다. 예루살렘 교회를 세운 사도들을 생각해 보라. 그들은 원래 오랫동안 주님과 동행했고 큰 기적들을 경험했고 말씀을 수없이 듣고 배웠음에도 주님과 십자가를 팽개친 배신자들에 불과했다. 그들은 예수님을 향해 원수만도 못하게 행동한 사람들이었다. 그럼에도 예수님은 부활 이후에 다시금 그런 사도들을 먼저 찾아가셨고, 그들의 이름을 친근히 불러 주셨고, 그들에게 성령충만을 부어 주셨고, 그들에게 직분을 다시 맡겨 주셨다. 예수님께서는 배신자에 불과했던 사도들을 다시 강건하게 붙들어 세워 주셨고, 그들로 하여금 예루살렘 교회를 세우는 자들이 되게 하셨다. 마치 사도 바울이 처음에는 핍박자요 살인자에 불과했음에도 원수를 사랑한 아나니아의 섬김을 통해 이 모든 은혜를 공급받고 땅끝에 교회를 세우는 자가 된 것처럼 말이다.

하지만 예루살렘 교회와 땅끝에 세워진 교회 간에는 차이가 있다. 예루살렘 교회는 예수님이 원수를 사랑하신 모습을 통해 세워졌지만, 땅끝에 세워진 교회는 한 성도의 원수 사랑을 통해 세워졌기 때문이다.

주님은 왜 아나니아로 하여금 원수를 사랑하는 복종을 하게끔 하신 것일까? 우리는 알 수 없다. 그러나 한 가지는 말할 수 있다. 이제 장차 바울이 보냄 받아야 할 장소와 사람들, 즉 이방 땅과 이방인들은, 이전에는 복음과 주님의 원수로 행하던 자들이었다. 그러나 주님께선 그곳에 교회를 세우기 원하시며 그 사람들을 주님 자녀로 삼기 원하신다. 그때까지 복음을 알지 못했고 복음의 원수로 행했지만, 주님이 사랑하셔서 불러 주시고 만나 주신 사람들…. 주님이 망하게 하시고, 소경이 되게 만드시고, 그동안의 삶을 회개하게 하신 사람들…. 주님께선 이런 사람들을 사랑하라고 바울을 보내실 것이다.

그리고 아나니아는 이방 땅에 세워질 교회와 성도들이 어떤 모습이 되어야 하는지를 가장 먼저 보여 주는 모델 역할을 한다. 이방 땅에 세워질 교회는, 회개하는 원수들이 가득 들어차게 되는 교회이다. 그렇기에 그 교회는 원수를 사랑하는 모습이 있어야만 세워질 수 있는 교회이기도 하다. 그래서 주님께선 지금 아나니아를 통해 성도가 마땅히 어떻게 해야 하는지, 어떤 모습이 되어야 교회를 세울 수 있는지를 보여 주시고 계신 것이 아니겠는가.

어떤 교회가 더 탁월한 교회인가? 어떤 교회가 아름다운 교회인가? 예루살렘 교회처럼 사도들이 목회하고 훌륭한 설교자들이 있는 교회? 예루살렘 교회처럼 순식간에 수천 명씩 늘어나는 부흥의 역사가 나타나는 교회? 물론 그런 교회도 좋은 교회이다. 그러나 내가 믿기에 그보다 더 탁월하고 아름다운 교회 모습은 바로 원수를 사랑하는 모습이 풍성한 교회, 아나니아 같은 모습이 차고 넘치는 교회이다. 믿음, 소망, 사랑이 가득한 교회가 아름다운 교회이다. 믿음의 역사, 인내와 소망, 원수를 향한 넘치는 사랑, 이런 그리스도의 향기가 넘쳐 나는 교회가 아름다운 교회이다. 회개하는 영혼을 향해, 과거의 죄악과 원수 됨을 묻지 않고, 교회가 줄 수 있고 성도가 받을 수 있는 가장 좋은 것을 쏟아부어 주는 교회가 주님이 원하시는 교회이다.

우리는 반드시 기억해야 한다. 수많은 모습으로 이 땅 위에 교회들이 세워졌지만, 땅끝에 세워진 이방인 교회는 첫 출발이 원수를 사랑하는 복종이었음을 말이다. 그렇기에 적어도 이방인 교회의 본질적인 기초가 원수를 사랑하는 것임을 잊지 말아야 한다. 사람을 끌어안고, 사람을 용서하며, 주님이 은혜 베풀기 원하는 사람에게 내가 할 수 있는 모든 것을 다 쏟아부어 주면서 이방인 교회가 세워졌음을 우리는 명심해야 한다. 이것이 교회의 기초이다.

또한 우리는 기억해야 한다. 바로 우리가 이방인이며, 이 땅에 세워진 교회들이 바로 땅끝 교회라는 사실을 말이다. 그렇기에 다른 교회는 몰라도 이방인 교회는 원수를 사랑하는 일에 복종하는 모습이 풍성하게 흘러 넘쳐야만 한다. 그것이 땅끝 교회가 처음 출발할 때부터 갖고 있던 가장 아름다운 전통이며 결코 포기할 수 없는 믿음의 유산이기 때문이다. 비록 건물을 포기한다 하더라도, 세상적인 탁월함을 포기한다 하더라도, 우리 이방인들을 위해 이 땅에 세워진 내 겨레의 교회들은 원수를 사랑하는 모습만큼은 결코 잃어버려서는 안 된다. 지금 우리에게 당장 필요한 것, 가장 많이 필요한 것이 바로 아나니아 같은 성도의 모습, 아나니아 같은 교회의 모습이다.

찬송가 가사처럼 천사도 흠모하는 귀한 직분이 있으니, 바로 교회를 세우는 일에 쓰임 받는 자리이다. 어떤 사람이 예수 님께 쓰임 받는가? 원수를 사랑하는 일에 복종하는 사람, 바로 그 사람이 쓰임 받는다. 아나니아가 같은 사람이 쓰임 받는다. 그러므로 만약 우리가 교회를 세우는 자로 쓰임 받기 원한다면, 우린 원수를 사랑하는 사람이 되기 위해 기도해야 한다. 또한, 우리가 원수를 사랑하지 못한다면, 아무리 돈을 많이 헌금하고 아무리 높은 지위에 올랐다 하더라도 교회를 섬기는 자로 쓰임 받기에 너무나 부족하다는 사실도 기억해야 한다.

혹시 예수님께서 용서하시고 용납하셨음에도 여전히 원수 로 대하고 있는 그런 사람은 없는가? 그렇다고 이단이나 회개하 지 않는 사람들까지 모두 끌어안아 주라는 말이 아니다. 그들의 모든 행동을 다 긍정해 주라는 말도 아니다. 그러나 회개한 사 람들을 향하여, 그들의 과거 때문에 여전히 원수로 대하거나 온 힘을 다해 그들을 사랑하지 못하는 모습이 우리 안에 남아 있 는 것은 아닌지 겸허하고 솔직하게 돌아보아야 한다. 회심하고 돌아온 자, 주님이 받아 주신 자들에게 과연 최선의 사랑을 베 풀고 있는지 스스로를 돌아보아야 한다. 혹시 내 본성이, 내 판 단이, 원수를 사랑하라는 주님 명령보다 더 강하게 작동하고 있 지는 않은지 우리 영혼 깊은 곳에 있는 나 자신의 모습을 살펴 보아야 한다. 아나니아를 거울삼아서 말이다.

그리고 예수님께서 아나니아에게 지극히 부담스러운 명령 을 주셨음을 기억하자. 또한 아나니아가 온 힘을 다하여 원수를 사랑하는 복종을 하면서 이방인 교회의 근간이 세워졌음을 기억하자. 바울은 예수님을 만나면서 모든 것을 내려 놓는 사람이 되었지만, 그러나 동시에 아나니아를 만나면서 새로운 은혜의 세계로 더 깊이 들어왔고, 진정 주님께 쓰임 받을 수 있는 모습으로 회복되었음을 기억하자.

교회는 순교자의 피를 통해 부흥해 왔다고 한다. 맞는 말이다. 마찬가지로, 땅끝까지 세워진 이방인 교회는 원수 사랑의 실천을 통해 세워졌음도 잊지 말자. 회개하고 주님 앞에 돌아오는 원수를 우리가 온 영혼과 온 마음과 온몸으로 섬기지 않는다면, 결코 교회가 교회답게 세워질 수 없음을 기억하라. 자기를 부정하는 복종을 행하는 자들이 교회를 세우는 데 쓰임 받으며, 또한 그들을 지극히 사랑하며 섬기는 자들이 교회를 세우는 데 쓰임 받는다는 것을 기억하라.

주님, 우리가 주님 만나기 원합니다. 원치 않는 모습이라 하더라도, 내게 찾아와 원수를 사랑하라 말씀하시는 주님을 무릎 꿇고 만나기 원합니다. 우리를 쳐서 복종케 하옵소서. 우리로 주님이 만나 주시고 용서하신 자들을 우리도 용서하고 사랑하며 섬기는 자들이 되게 하소서. 우리로 원수를 사랑하는 자들이 되게 하시고, 우리로 교회를 세우는 자들이 되게 하옵소서.

아델페 아나니아
원수에게 세례를 베푼 사람

Brother Ananias
The One Who Baptized the Enemy

지은이 조호진
펴낸곳 주식회사 홍성사
펴낸이 정애주

국효숙 김의연 김준표 박혜란 송승호 오민택
오형탁 윤진숙 임영주 주예경 차길환 최선경 허은

2019. 7. 25. 초판 1쇄 인쇄   2019. 7. 30. 초판 1쇄 발행

등록번호 제1-499호 1977. 8. 1
주소 (04084) 서울시 마포구 양화진4길 3   전화 02) 333-5161   팩스 02) 333-5165
홈페이지 hongsungsa.com   이메일 hsbooks@hsbooks.com   페이스북 facebook.com/hongsungsa
양화진책방 02) 333-5163

ⓒ 조호진, 2019

ISBN 978-89-365-0362-8 (03230)